Georges Müller

Auto heute

Kosten sparen, Umwelt schonen, sicher fahren

Ein Ratgeber aus der Beobachter-Praxis

Autor:
Georges Müller, Journalist und Mitarbeiter der Extrablatt Curti Medienservice AG, Glattbrugg

Der Autor dankt Urs Christen, Dr. Jann Etter (HMV), Bernhard Raos, Hans Kaspar Schiesser (VCS), Alfred R. Wepf und Beat Wyrsch (TCS) für ihre wertvolle Mithilfe und/oder ihre Beiträge in diesem Buch. Ohne diese Unterstützung wäre dieser Ratgeber nicht in so kurzer Zeit zustande gekommen.

Herausgeber: Der Schweizerische Beobachter, Glattbrugg
Gesamtverantwortung und Lektorat: Käthi Zeugin-Kobel, Zürich
Karikaturen: Manfred Werren, Binningen BL
Umschlag: Atelier Binkert, Regensberg
Produktion: Jean-Pierre Ritler, Extrablatt AG
Druck: BDV, Basler Druck und Verlag, Liestal

© Curti Medien AG, Glattbrugg

1. Auflage 1991

ISBN 3 85569 111 8

Vorwort

Das Auto ist eine Maschine, zugegeben eine komplizierte Maschine, aber eine Maschine, wie viele andere auch.

Schon falsch: Das Auto ist eine ganz besondere Maschine, die zumindest nahe am Zentrum unserer Lebensweise situiert ist, wenn sie nicht sogar dieses Zentrum besetzt hat. Das Leben von, mit und in dem Auto ist für viele Zeitgenossen das einzig denkbare. «Autos machen Leute» heisst es heute, hundert Jahre, nachdem Gottfried Keller «Kleider machen Leute» geschrieben hat. Das polierte Blech steigert das Selbstwertgefühl; der Kratzer an der Karosserie anderseits ist ein seelischer Schaden.

Aber kaum können sich in Westeuropa und damit auch in der Schweiz (fast) alle ein Auto leisten, hat das Symbol der Freiheit bereits ausgedient. Aus dem gehätschelten Über-Ich Auto ist die Ursache allen Übels geworden: Die Maschine verpestet die Luft, die wir und unsere Nachkommen atmen sollen, sie lärmt in die Konzentration des Tages und in unsere schlaflosen Nächte hinein, sie frisst Wälder, Landschaften und Baudenkmäler, und ihre Produktion und Entsorgung belasten die Umwelt erheblich.

Was soll ein Ratgeber zu diesem Thema, wo doch schon ganze Bibliotheken darüber vollgeschrieben wurden? Genau deshalb. Denn gerade weil Millionen von Autos auf den Strassen herumfahren, macht es für Mitmenschen und Umwelt einen grossen Unterschied, wie diese Fahrzeuge benützt werden. Der vorliegende Ratgeber will das Auto wieder zu dem machen, was es ist: Eine Maschine, von ihren Erbauern dazu geschaffen, dass wir sie mehr oder weniger vernünftig verwenden. Wir haben die Wahl; nutzen wir sie, solange wir sie noch haben.

Georges Müller

Inhalt

1. Auch Autofahren will gelernt sein **9**
Profis schalten früher 10
Der erste Schritt: Lernfahrausweis Kat. B 13
So lernen Sie Auto fahren 14
Weiterbildung 21

2. Was vor einem Autokauf zu überlegen ist **25**
Auto benützen statt besitzen 26
Eine Frage der Lebensqualität, des
Geldes – und der Ökologie 28
Alternativen zum persönlichen Privatmobil 30

3. Kauf und Verkauf **39**
Was ist mein Auto noch wert? 40
Das ideale Auto gibt es nicht 42
Neuwagen oder Occasion? 52
Zubehör und Abänderungen 60
Wer soll das bezahlen? 62
Vom Käufer zum Verkäufer 69

4. Vom Umgang mit Versicherungen **75**
Der schwere Unfall und seine Folgen 76
Versicherungen, so weit das Auge reicht 78
Die Motorfahrzeug-Haftpflichtversicherung 80
Die Kaskoversicherung 88
Für und wider Insassenversicherung 92
Die Rechtsschutzversicherung 93

5. Unterwegs **97**
Hitzestress, zu wenig Abstand, Übermüdung 98
Köpfchen statt Bleifuss 100
Rücksicht auf Fussgänger, vor allem auf Kinder 108

Sparsam, sicher und umweltschonend 111
Fit am Steuer 115
Schnell und gefährlich: die Autobahn 121
Schwertransport per PW 123
Mit dem Auto in die Ferien 125
Sicher durch den Winter 129
Vorsicht Wildtiere 133
Keine Panik bei Panne 135
Unfälle und Erste Hilfe 137
Was die Verkehrsverbände bieten 139

6. Ein Auto braucht auch Unterhalt **143**
Wie alte «Schwarten» sauber werden 144
Vertrauen ist gut – Kontrolle ist besser 146
Was Sie selbst tun können 147
Wenn Sie in die Garage müssen 152
Der Staat guckt unter die Kühlerhaube 159

7. Im Räderwerk der Gesetze **165**
Mehr als ein Kavaliersdelikt 166
Gesetze und Vorschriften rundherum 167
Alkohol: nicht erst bei 0,8 Promillen 169
Fahrlässigkeit/Grobfahrlässigkeit 172
Zu schnell gefahren 173
Der Fahrausweisentzug 176
Ordnungsbussen für Bagatellen 180
Registriert in alle Ewigkeit? 182

8. Auto der Zukunft – Zukunft des Autos **185**
Der Patient Verkehr liegt auf der Intensivstation 186
Umwelt, Sparsamkeit, Sicherheit 189
Woran arbeiten die Autobauer? 192

Anhang **201**

1. Kapitel

Auch Autofahren will gelernt sein

Profis schalten früher

Die Serviertochter im Hotel «Vierlinden» in Unterbözberg setzt verdutzt ihr Tablett voll leerer Gläser und Flaschen ab. Aus dem Säli dringt ein unübliches Geräusch: Es wird gelacht, laut und herzhaft. Das kommt bei Kursen sonst eher selten vor.

Das Gelächter hängt mit Peter K., Direktor des Verkehrs-Sicherheits-Zentrums Veltheim (VSZV), zusammen. Eben ist er nämlich dabei, einem Dutzend Männern und Frauen weiszumachen, man könne zehn Prozent Treibstoff sparen, wenn man beim Fahren mehr Vollgas gebe. Die Anwesenden, drei Ingenieure der Ingenieurschule Biel, der Inhaber einer Baufirma mit fast 50 Fahrzeugen, zwei Chauffeure eines öffentlichen Verkehrsbetriebs sowie mehrere Privatpersonen, glauben sich verhört zu haben. Schliesslich ist heute ein heisser Tag.

«In den Gesichtern wechselt der Ausdruck von Ungläubigkeit über Verblüffung zu faszinierter Einsicht.»

Doch dann beginnt der Kursleiter zu erkären. Und in den Gesichtern wechselt der Ausdruck allmählich von Ungläubigkeit über Verblüffung zu faszinierter Einsicht. Gemeint ist natürlich nicht, den Motor mit schwerem Bleifuss auf 5000 oder 6000 Touren zu jagen. Vielmehr geht es darum, beim Beschleunigen schnell in die sparsamen, oberen Gänge zu kommen, wozu kurz aber herzhaft aufs Gas gedrückt werden soll – allerdings nur, bis der Drehzahlmesser den Wert von höchstens 2500 Umdrehungen pro Minute angibt. Deshalb das Stichwort «Profis schalten früher», das dem Kurs seinen Titel gegeben hat.

Theorie, Theorie. Wie aber steht's in der Praxis, wenn man nicht nur den Drehzahlmesser, sondern auch die Strasse, die Fussgänger, Velofahrer, Lastwagen, Lichtsignale, Hinweis- und Verbotsschilder im Auge behalten sollte? Bestandteil des Kurses, mit dem ein neuer, ökologisch orientierter Fahrstil propagiert werden soll, sind zwei kurze Fahrten in speziell hergerichteten Autos. Laufend registrieren diese den Treibstoffverbrauch und vergeben überdies Komfort-Strafpunkte, wenn die Lenkerin oder der Lenker besonders brutal beschleunigt oder abbremst.

Die erste Fahrt dient dazu, das Vehikel erst einmal kennenzulernen und noch unbelastet von jeder Theorie einfach so zu fahren, wie man dies gewohnt ist: mit rassig heulendem Motor der eine, nur zart das Gaspedal kitzelnd der andere, irgendwo zwischendrin die meisten.

Nach dieser Runde über eine kurze Bergstrecke, durch Innerortsverkehr, über ein Stück Autobahn und auf einer ebenen Kantonsstrasse beginnt Peter K. zu erklären. Zehn Prozent eingesparter Treibstoff, ohne jede Komfort- oder Geschwindigkeitseinbusse erreichbar, würden in der Schweiz pro Jahr über eine halbe Milliarde Franken ausmachen. Zusammen mit dem Spareffekt bei Reifen, Bremsen und anderen Verschleissteilen gegen eine Milliarde Franken. Und dies, ohne langweiliger und langsamer zu fahren? Kernstück der Erklärungen von Peter K. ist ein Diagramm, das wie die Höhenlinien eines Berges aussieht und jene Drehmoment-Bereiche zeigt, in denen der Motor besonders verbrauchsgünstig arbeitet. Ergebnis: Bei Werten von 1500 bis 2500 Umdrehungen pro Minute mit zu zwei Dritteln durchgedrücktem Gaspedal ist der Verbrauch am geringsten. Oder wieder für den Hausgebrauch: Wer sich zügig in diesen niedrigen Drehzahlbereichen in die höheren Gänge hinaufschaltet, kommt flott voran und spart erst noch Benzin.

> **«Ohne Geschwindigkeits- und Komforteinbusse kann man so pro Jahr über eine halbe Millarde Franken sparen.»**

Selbst am Steuer eines automatisch schaltenden Autos lässt sich die Erkenntnis anwenden: Immer wenn der Drehzahlmesser den Wert von etwa 2500 Umdrehungen pro Minute angibt, hebt man kurz den rechten Fuss, worauf der Automat in den nächsthöheren Gang schaltet. Gewissermassen «pumpt» man sich derart in den höchstmöglichen Gang hinauf, der bei etwa 50 Stundenkilometern erreicht ist.

Das ist auch die Geschwindigkeit, bei der der Öko-Fahrer mit handgeschaltetem Getriebe den fünften Gang einlegt. Gelassen, ohne dramatische Beschleunigungs- oder Bremsmanöver rollt er einher, gibt ein Minimum an Abgasen und Lärm an die Umwelt ab, verschleisst sein Fahrzeug am geringsten, kann innerorts Bremsbereitschaft erstellen und nervt höchstens den hinter ihm im dritten Gang mit dröhnendem Motor aufgeregt einherstressenden Fahrer alter Schule.

Die Probe aufs Exempel verblüfft selbst Skeptiker. Tatsächlich fahren sämtliche Kursteilnehmer in praktisch der selben Zeit die identische Teststrecke mit über zehn Prozent weniger Benzinverbrauch und bedeutend komfortabler ab. Ein Kursteilnehmer stellt sogar einen neuen Sparsamkeitsrekord für sein Fahrzeug auf und kommt erst noch rascher voran. Wer aus Tradition oder mangels Drehzahlmesser «nach Gehör» schaltet, muss sich allerdings erst an die tieferen Motorengeräusche gewöhnen.

> «Alle Kursteilnehmer fuhren die Strecke in der selben Zeit mit über zehn Prozent weniger Benzinverbrauch.»

Der neu geschaffene Kurs ist auf Grund von zehnjährigen Erfahrungen mit der Ausbildung von Lastwagenfahrern entstanden. Bei den schweren Brummern mit ihren grossen Motoren wirkt sich eine sparsame Fahrweise besonders markant aus: Ob man 30 oder 80 Liter Diesel auf 100 Kilometer verheizt, macht für den Besitzer, der spitz kalkulieren muss, einen gewaltigen Unterschied. Und was der Ökonomie recht ist, soll der Ökologie billig sein – auch im Privatverkehr.

Der erste Schritt: Lernfahrausweis Kat. B

Wenn Sie mindestens 18 Jahre alt sind und sich entschlossen haben, Auto fahren zu lernen, führt Sie der erste Gang (wenigstens bildlich gesprochen) ins Strassenverkehrsamt – oft auch Motorfahrzeugkontrolle genannt – Ihres Wohnkantons. Dort erhalten Sie ein Gesuchsformular um Erteilung des Lernfahrausweises Kategorie B (Personenwagen bis 3,5 Tonnen Gesamtgewicht und bis höchstens acht Sitzplätze exkl. Lenker). In einigen Kantonen ist das Formular auch auf den Polizeiposten erhältlich.

In diesem Papier müssen Sie nicht nur die üblichen Personalien angeben, sondern auch Fragen über allfällige Krankheiten, Vorstrafen sowie allenfalls früher erworbene Fahrausweise – in der Schweizer Amtssprache merkwürdigerweise «Führerausweise» genannt – beantworten. Alle Angaben müssen den Tatsachen entsprechen, und am Schluss ist das Formular zu unterschreiben. Minderjährige oder Bevormundete benötigen die Unterschrift des gesetzlichen Vertreters (Eltern, Vormund).

In der Regel wird mit dem Gesuchsformular auch Informationsmaterial darüber abgegeben, wie man es einreicht und welche Beilagen verlangt werden. Das sind:

- Zwei oder drei Passfotos neueren Datums (farbig oder schwarzweiss, Aufnahme von vorn, ohne Hut).
- Eine Bescheinigung über ausreichendes Sehvermögen, erhältlich bei einem Augenarzt oder bei einem vom Strassenverkehrsamt anerkannten Optiker (Verzeichnis dort erhältlich). Es gibt auch Strassenverkehrsämter, die selbst Sehtests und Hörproben durchführen.
- Amtlicher Ausweis wie Niederlassungsbewilligung, Pass oder Identitätskarte. Es gibt auch Kantone, die eine Bestätigung der Personalien durch die Einwohnerkontrolle der Wohngemeinde verlangen.
- Die Kosten sind von Kanton zu Kanton verschieden und betragen rund 50 Franken.

Sie können im Normalfall davon ausgehen, in der Folge den beantragten weissen Lernfahrausweis zu erhalten. Ausnahmen wären: noch nicht erreichtes Minimalalter, gewisse körperliche oder geistige Krankheiten oder Gebrechen, amtlich bekannte Süchte oder charakterliche Nichteignung (gestützt auf das bisherige Verhalten auch als Velo- und Mofafahrer). Sind Sie nicht bereit, einen Ablehnungsentscheid zu akzeptieren, können Sie an die Polizeidirektion des betreffenden Kantons rekurrieren (die Rechtsmittelbelehrung erhalten Sie mit der Ablehnung).

Der Lernfahrausweis ist für ein Jahr gültig und kann anschliessend noch einmal um sechs Monate verlängert werden. Eine weitere Verlängerung ist nur unter gewissen Bedingungen möglich (längere Krankheit, Militärdienst, Auslandaufenthalt usw.). Einem entsprechenden Verlängerungsgesuch wären also die nötigen Belege wie Arztzeugnis oder Dienstbüchlein beizulegen. Verlängerungen sind gratis. Nach Ablauf von zwei Jahren kann der Lernfahrausweis endgültig nicht mehr verlängert werden. Wer bis dann den Fahrausweis nicht erworben hat, dies aber weiterhin anstrebt, muss ein neues Gesuch einreichen.

So lernen Sie Auto fahren

Mit dem Lernfahrausweis in der Tasche, einem blauen L-Schild am Heck eines für diesen Zweck geeigneten Autos (Handbremse in der Mitte) sowie einer Begleitperson, die den Fahrausweis in der von Ihnen gewünschten Kategorie seit wenigstens drei Jahren besitzt, können Sie jetzt ans Steuer und auf die Strasse. Es gibt zur Zeit (1991) keine Vorschriften über obligatorische Fahrstunden bei einem konzessionierten Fahrlehrer; an neuen Aus- und Weiterbildungs-Vorschriften wird allerdings gearbeitet.

Die Investition in eine gute Ausbildung bei einem geschulten Fahrlehrer ist allerdings zu empfehlen. Der Fahrlehrer wird Ihnen nicht nur Funktion und Gebrauch der verschiedenen Hebel, Schalter und Pedale erklären und beibringen, sondern vor allem auch Ihren Verkehrssinn schulen. Zudem kennt er die Prüfungssituation und kann Sie erfolgversprechend darauf vorbereiten.

Fahrstunden bei einem konzessionierten Lehrer sind allerdings nicht gratis: Mindestens 74 Franken für die 45 bis 50 Minuten dauernde Fahrlektion, wenigstens 30 Franken für die Gruppen-Theoriestunde lauten die Ansätze 1991 des Schweizerischen Autofahrlehrer-Zentralverbands. Da man bis zur Prüfungsreife ohne weiteres mit etwa 20 Lektionen rechnen muss, lohnt es sich, Bekannte nach ihren Erfahrungen mit verschiedenen Fahrschulen zu fragen. Allenfalls können Ihnen die Fahrlehrer-Verbände oder Strassenverkehrsämter mit Verzeichnissen dienen, manche Lehrer inserieren auch in den Lokalzeitungen.

Beim professionellen Fahrlehrer sind Sie in der Regel rundum gegen alle denkbaren Schäden versichert: Haftpflicht gegenüber dem Fahrlehrer und umgekehrt, Unfallversicherung, Vollkaskoversicherung ohne Selbstbehalt. Erkundigen Sie sich aber, ob dies beim Fahrlehrer Ihrer Wahl auch der Fall sei. Klären Sie die Versicherungsdeckung vor allem dann gründlich ab, wenn Sie privat – und sei's nur in Ergänzung zu den Lektionen des Fahrlehrers – mit einer Begleitperson üben. Auch zeitlich begrenzte Ergänzungsversicherungen zu bestehenden Policen sind in der Regel möglich.

Bei den heutigen Verkehrsverhältnissen genügt es nicht mehr, lediglich die Verkehrsregeln auswendig zu lernen und die Bedienung des Autos zu üben. Gefragt ist die *Verkehrstüchtigkeit,* das heisst der gefahrenbewusste, verantwortungsvolle, partnerschaftliche und rücksichtsvolle Gebrauch des Autos, das Freude bereiten kann, aber auch Gefahren in sich birgt. Das Ausbildungsprogramm für den praktischen Fahrunterricht ist in vier Stufen unterteilt:

● In der ersten Ausbildungsstufe (Vorbildung) soll der Schüler die Bedienung des Fahrzeugs auf einem Fahrhof oder verkehrsfreien Platz erlernen. Wer bereits die allerersten Fahrstunden auf öffentlichen Strassen absolviert, ist leicht überfordert, was dem Lernerfolg abträglich ist.

- In der zweiten Stufe (Grundschulung) geht es darum, das Gelernte im Verkehr anzuwenden. Geübt werden die richtige Fahrbahnbenützung, Rechts- und Linksabbiegen, das richtige Verhalten an Verzweigungen und Kreuzungen, Parkieren.

- Die dritte Ausbildungsstufe (Hauptschulung) dient der Anwendung der einzelnen Verhaltenstechniken in der Gesamtheit des Verkehrsgeschehens. Der Schüler lernt, den Mitverkehr zu beachten, sich in den Verkehrsfluss einzufügen und sich nicht nur vorschriftsgemäss, sondern der jeweiligen Situation angemessen zu verhalten.

- Schliesslich soll dem Schüler in der vierten Ausbildungsstufe (Perfektionsschulung) die Verkehrs- und Sicherheitserziehung am Steuer vermittelt werden. Hier wird der Fahrlehrer auf schwierige Verkehrssituationen hinweisen, den Schüler selbständig komplizierte Aufgaben im Verkehr lösen lassen und ihn in die defensive Fahrweise einführen.

Tips:

- Nehmen Sie zumindest einige Lektionen bei einem professionellen Fahrlehrer. Sie können davon ausgehen, dass Sie von den Prüfungsexperten des Strassenverkehrsamts besonders genau unter die Lupe genommen werden, wenn Sie nicht von einem Fahrlehrer angemeldet worden sind.

- Lösen Sie nicht gleich ein Abonnement über eine grössere Anzahl von Lektionen, bevor Sie nicht mindestens einige Stunden mit einem Fahrlehrer absolviert haben. Es könnte sein, dass Sie erst beim Fahren feststellen, dass er nicht Ihre Wellenlänge hat und Sie besser einen neuen Lehrer suchen.

- Klären Sie beim privaten Üben den Versicherungsschutz genau ab. Bedenken Sie auch, dass Ihr privater Begleiter im Gegensatz zum Fahrlehrer bei Problemen nur mit der Handbremse eingreifen kann, die umständlicher zu bedienen und weniger wirkungsvoll ist als die Fussbremse.

- Privates Üben hat vor allem dann einen Sinn, wenn Sie in der Ausbildung beim Fahrlehrer bereits fortgeschritten sind und es darum geht, Routine zu erwerben. Damit Ihnen Ihr privater Begleiter keine dummen «Mödeli» beibringt, ist ein direkter Kontakt zwischen Fahrlehrer und Begleiter von Vorteil.
- Suchen Sie sich einen privaten Begleiter, der kein Besserwisser ist, sondern wirklich nur hilft, wenn Sie Probleme haben.
- Der Lernfahrausweis berechtigt nur zu begleiteten Fahrten in der Schweiz und in Liechtenstein. Falls Sie im Ausland damit fahren wollen (was wegen der teilweise anderen Vorschriften und Gepflogenheiten nicht zu empfehlen ist), müssen Sie die Rechtslage von Fall zu Fall an der Grenze oder beim zuständigen Konsulat abklären.

Der Nothilfekurs

Seit gut zehn Jahren müssen Sie im Rahmen Ihrer Fahr-Ausbildung einen Kurs in lebensrettenden Sofortmassnahmen absolvieren. Der Zeitpunkt, in welchem die Kursbestätigung verlangt wird, ist von Kanton zu Kanton verschieden (bereits bei der Anmeldung für Theorie- oder Praxisprüfung oder erst bei diesen Prüfungen selbst). Da an der Theorieprüfung ebenfalls Fragen aus dem Bereich Erste Hilfe gestellt werden, ist ein frühzeitiger Besuch empfehlenswert; anderseits darf der Kursbesuch nicht länger als sechs Jahre zurückliegen, um gültig zu sein.

Vom Kursbesuch befreit sind Ärzte, Pflegepersonal mit Diplom, Armeeangehörige der Sanität und des Luftschutzes sowie Zivilschutzangehörige mit Sanitätsausbildung, sofern sie die entsprechenden Ausweise vorlegen können. Invalide haben ebenfalls keinen Nothilfekurs zu absolvieren.

Nothilfekurse werden vor allem von den lokalen Samaritervereinen durchgeführt. Deren Adressen können ebenfalls die Strassenverkehrsämter vermitteln.

Die theoretische Prüfung

Bevor Sie sich zur praktischen Fahrprüfung anmelden können, müssen Sie die theoretische Prüfung absolviert haben. Von 50 gestellten Fragen müssen Sie wenigstens 47 richtig beantworten, wobei einzelne dieser Fragen, zum Beispiel zum Thema Vortritt, ganz hübsch knifflig sein können. Die Theorieprüfung kostet je nach Kanton rund 20 Franken; wenn Sie sie wiederholen müssen, wird der selbe Betrag nochmals fällig.

Die Fahrlehrer sind gesetzlich verpflichtet, Theorielektionen anzubieten; die Fahrschüler sind indes nicht gehalten, diese zu besuchen. Die Theoriestunden sollen den Fahrschüler befähigen, sich im Verkehr besser zurecht zu finden. Vor allem aus Sicherheitsgründen ist es empfehlenswert, die theoretische Prüfung nicht nur als notwendiges Übel aufzufassen. Die einmalige Lektüre des «Handbuchs der Verkehrsregeln» und einige Probeläufe mit Übungs-Testblättern können vielleicht zum Minimal-«Erfolg» der bestandenen Prüfung führen, den Sinn für die Zusammenhänge im Verkehr erwerben Sie damit aber nicht.

Die praktische Prüfung

Der Fahrlehrer kann Ihre Fahrfähigkeiten am besten beurteilen und wird Sie zum richtigen Zeitpunkt für die Prüfung anmelden. Sie können sich aber selbstverständlich auch selbst beim Strassenverkehrsamt anmelden, da der Fahrschulbesuch ja freiwillig ist. Sie benötigen dazu ein vorschriftskonformes Fahrzeug (mindestens 700 Kilo Gewicht, Handbremse in der Mitte) sowie einen Begleiter, der die Voraussetzungen erfüllt (Fahrausweis seit wenigstens drei Jahren). Für die Prüfung wird ein Betrag etwa in der Grössenordnung des Preises für den Lernfahrausweis berechnet.

Die Prüfung ist in der Regel im Wohnsitzkanton zu absolvieren. Wenn Sie aber wochentags regelmässig nicht dort ansässig sind (zum Beispiel Welschlandaufenthalt), können Sie die Prüfung auch anderswo ablegen. Ein entsprechendes Gesuch ist an das Strassen-verkehrsamt Ihres Wohnsitzkantons zu richten und kann, muss aber nicht bewilligt werden. Das Gesuch können Sie erst stellen, wenn Sie den Lernfahrausweis haben.

An der praktischen Prüfung, die etwa gleich lang dauert wie eine Fahrlektion, hat der Bewerber unter Beweis zu stellen, dass er fähig ist, ein Auto nach den Verkehrsregeln auch in schwierigen Verkehrssituationen sicher zu führen. Der Experte wird vor allem zwei Aspekten seine Aufmerksamkeit schenken:

- Kann der Bewerber das Auto im Stadt- und Autobahnverkehr lenken und seine Fahrweise an die Strassen- und Verkehrsver-hältnisse sowie an die Eigenschaften des Fahrzeugs anpassen?
- Kann er rückwärtsfahren, parkieren, wenden (manövrieren)?

Es ist nicht die Regel, kommt aber häufig vor, dass man die Prüfung im ersten, manchmal sogar auch im zweiten Anlauf nicht besteht. In diesem Fall kann man den Test frühestens einen Monat später wie-derholen, wobei die nicht bestandenen Teile besonders beachtet werden. Es empfiehlt sich demnach, diese in der Zwischenzeit ent-sprechend intensiv zu üben.

Geht auch der dritte Prüfungsversuch daneben, schreibt das Gesetz ein verkehrspsychologisches Gutachten vor, in welchem der Grund für das Versagen abgeklärt werden soll. Stellt der Verkehrs-psychologe keine Hinderungsgründe fest, kann man wiederum einen neuen Lernfahrausweis beantragen und das Spiel mit den drei Prü-fungsversuchen von vorn beginnen. Falls dieses Gutachten indes zu einem negativen Schluss kommt, ist der Traum vom Autofahren aus-geträumt, mindestens so lange, bis ein weiteres Gutachten zu einem anderen Schluss kommt.

Manchmal hört man, irgendwo in der Karibik lasse sich das «Billett» bedeutend einfacher machen. Das mag stimmen, nützt aber nichts. Denn man muss während mindestens sechs Monaten in der Schweiz abgemeldet gewesen sein, ehe ein im Ausland gemachter Fahrausweis hierzulande anerkannt wird. Kommt man mit einem derartigen Ausweis zurück oder kommt ein Ausländer mit seinem

Fahrausweis in die Schweiz, ist dieser hier während höchstens eines Jahres gültig und muss in dieser Zeit vom Wohnsitzkanton auf ein schweizerisches Papier umgeschrieben werden. Solche Ausweise werden in der Regel anerkannt, sollte aber den Strassenverkehrs-amts-Beamten Zweifel an der Qualität kommen, können sie mit einer internen Meldung für eine Nachprüfung sorgen.

Tips:

- Besprechen Sie mit Ihrem Fahrlehrer, wann der richtige Zeitpunkt für die Anmeldung zur Prüfung gekommen ist; Voreiligkeit ist ungünstig, ebenso aber auch zu langes Zögern. Die Erfahrung des Fahrlehrers sollte ihn befähigen, den richtigen Zeitpunkt zu sehen.
- Immer wieder machen Gerüchte über Kantone mit angeblich toleranteren Experten und entsprechend einfacher zu bestehenden Prüfungen die Runde unter verunsicherten Fahrschülern. Solche Behauptungen sind aus der Luft gegriffen.
- Gehen Sie ausgeruht und möglichst gelassen an die Prüfung. Der Experte will nicht Ihre (nicht vorhandene) Erfahrung sehen, sondern prüfen, ob Sie mit Auto, Verkehrsregeln und Problemsituationen richtig umgehen können.
- Unterläuft Ihnen während der Prüfungsfahrt ein kleinerer Fehler, ist das kein Grund, den Mut sinken zu lassen. Der Experte kann darüber hinwegsehen, wenn Sie sonst nichts Gravierendes falsch machen.
- Wo Menschen sind, passieren auch Fehler. Haben Sie den Eindruck, vom Prüfungsexperten nicht korrekt behandelt worden zu sein, können Sie vom Chef des Strassenverkehrsamts für die nächste Prüfung die Zuweisung eines anderen Experten verlangen (Weiterzugsmöglichkeit an die Polizeidirektion). Dieses Recht ist aber nur mit Zurückhaltung und jedenfalls in Absprache mit dem Fahrlehrer zu gebrauchen, da Sie sich damit nicht sonderlich beliebt machen. Ohnehin setzen die Strassenver-

kehrsämter für Prüflinge im zweiten und dritten Anlauf nach Möglichkeit andere Experten ein, um derartigen Vorwürfen zu entgehen.

- Wenn es Ihnen wohler in einem kleineren Auto oder in einem Fahrzeug mit Automatgetriebe ist, können Sie die praktische Fahrprüfung auch darin ablegen. Dies wird allerdings im Fahrausweis vermerkt, und Sie sind nur berechtigt, entsprechende Fahrzeuge zu steuern. Sie können darin aber Erfahrung und Vertrauen sammeln und sich später zur Prüfung mit einem «richtigen» Auto anmelden.

Weiterbildung

Herzliche Gratulation, Sie haben die theoretische und praktische Fahrprüfung bestanden, dürfen jetzt also ein Auto allein lenken. Geben Sie sich deswegen aber nicht vorschnell der Meinung hin, Sie hätten damit bereits Routine und Erfahrung erworben. Die Statistik zeigt, dass namentlich jugendliche Neufahrer für einen überdurchschnittlichen Anteil der Unfälle verantwortlich sind, weil sie sich selbst über- und die Gefahren unterschätzen.

Aber auch ältere Lenker sind – aus anderen Gründen – überdurchschnittlich oft an Unfällen beteiligt. Wer über 70 Jahre alt ist, erhält deshalb vom Strassenverkehrsamt alle zwei Jahre ein Formular, das der Hausarzt mit einem ärztlichen Befund (Seh- und Hörschärfe, Reaktionsvermögen usw.) auszufüllen hat. Tauchen bei den Strassenverkehrsamts-Beamten auf Grund dieses Befunds oder auch auf Grund von Drittmeldungen Bedenken über die Fahrtüchtigkeit auf, sind sie berechtigt, die betreffende Person zu einer Kontrolle einzuladen.

Neben einer ohnehin empfehlenswerten zurückhaltenden Fahrweise (siehe auch Kapitel «Unterwegs» Seite 100) ist deshalb für jung und alt der Besuch von speziellen Weiterbildungs-Trainings sehr ratsam. Automobilverbände und spezielle Ausbildungszentren bieten zahlreiche Kurse für den verantwortungsbewussten und sicheren Umgang mit dem Auto an. Dank Subventionen aus dem Fonds für Verkehrssicherheit sind die Preise erträglich. Im wesentlichen gibt es folgende Möglichkeiten:

- In *Fahrtrainings* lernt man, mögliche Schwierigkeiten frühzeitig zu erkennen, bei deren Auftreten nicht in Panik zu geraten und das Auto auch in heiklen Situationen zu beherrschen.
- *Anti-Schleuderkurse* vertiefen erste Erfahrungen aus Fahrtrainings auf rutschiger Fahrbahn.
- *ABS-Trainings* vermitteln den richtigen Umgang mit Autos mit Anti-Blockier-System.
- Im *Eco-Kurs* lernt man den möglichst umweltschonenden Umgang mit dem Auto (siehe Reportage Seite 10).
- *Winter- und Schneetrainings* geben Hinweise über die spezielle Vorkehren, Überlegungen und Fahrtechniken, die für Fahrten bei tiefen Temperaturen, Schnee und Eis anzuwenden sind.
- Absolventen von *Anhänger-Kursen* sollen befähigt werden, auch mit Anhänger oder Caravan im Schlepp kein Verkehrshindernis zu sein.

Die im Anhang auf Seite 221 aufgeführten Weiterbildungsschulen bieten unterschiedliche Ziele und Methoden bei auch unterschiedlichen Preisen an. Wählen Sie im Zweifel vor allem Kurse, die Sie in Ihrem eigenen Fahrzeug absolvieren können, da Sie am meisten profitieren, wenn Sie nicht erst ein neues Auto kennenlernen müssen. Anderseits sind in den Kurskosten Zusatzversicherungen (zum Beispiel Vollkasko) oft nicht inbegriffen, können aber am Kursort abgeschlossen werden.

Gelegentlich führen auch kantonale Strassenverkehrsämter oder Verkehrsverbände Weiterbildungsaktionen durch, zum Beispiel für Lenker, die den Ausweis vor einem Jahr erworben haben, oder für ältere Verkehrsteilnehmer. Machen Sie von diesen Angeboten Gebrauch, da sie jedenfalls wertvolle Anregungen vermitteln und mithelfen, die Situation auf den Strassen zu entschärfen.

2. Kapitel

Was vor einem Autokauf zu überlegen ist

Auto benützen statt besitzen

Mit ihren zwei Kindern im Alter von sieben und neun Jahren entspricht die Familie R. in Luzern dem schweizerischen Idealbild einer Familie. In einem wichtigen Punkt unterscheidet sie sich allerdings von der Mehrheit: Markus und Rebekka R. besitzen kein Auto. Dennoch können sie als Mitglieder einer Auto-Teilet-Organisation praktisch jederzeit von einem Privatmobil Gebrauch machen.

Vor zwanzig Jahren, als Markus R. die Fahrprüfung für Motorräder und zwei Jahre später diejenige für Autos bestand, hätte er sich wohl diese Zukunft kaum gedacht. «Ich fuhr gerne Auto», bekennt er heute. «Ob für Konzertbesuche in Zürich oder Ferien in Südspanien, ich nahm meist das Auto.» Und er findet auch eine Erklärung dafür: «Die Situation war eben anders. Niemand sprach damals von Luftverschmutzung oder Waldsterben im Zusammenhang mit dem Privatverkehr. Man fand Parkplätze, und für die Fahrt ins Tessin gab es ausserhalb der Spitzenzeiten noch leere Strassen.»

«Für die Kinder war das Autofahren eine Tortur, und meine Frau wollte nicht fahren.»

Doch allmählich wurde für Markus R. das Autofahren aus ökologischen Gründen bedenklich und lästig obendrein: «Für die Kinder war das Autofahren stets eine Tortur, und meine Frau wollte und will nicht fahren», begründet er den vor fünf Jahren gefassten Beschluss, auf die private Karosse zu verzichten. Erleichtert wurde ihm der Entscheid durch den Umstand, dass er beruflich kaum aufs Auto angewiesen ist. Den Arbeitsplatz erreicht er in wenigen Velominuten oder zu Fuss in einer Viertelstunde.

Aufs Autofahren konnte und wollte Markus R. indes nicht vollständig verzichten «Es gab und gibt weiterhin Gelegenheiten, bei denen ich um ein Auto froh bin», räumt er ein, «Transport sperriger und schwerer Gegenstände, Besuche irgendwo auf dem Land oder Abendveranstaltungen, die erst nach dem Betriebsschluss von Bahn und Bus fertig sind.» Als erstes lieh er sich deshalb für solche

Zwecke die Autos von Kollegen und Bekannten aus. Eine dauerhafte Lösung war dies indes nicht: «Der Telefonier-Aufwand war gelegentlich recht gross, abgesehen davon, dass man irgendwann Hemmungen hat, den Leuten ständig mit Pumpwünschen auf die Nerven zu gehen.» Als Markus R. wenig später von der Gründung der Auto-Teilet-Genossenschaft (ATG) in Horw erfuhr, kam dies seinen Bedürfnissen ideal entgegen: «Hier habe ich fast jederzeit ein Auto zur Verfügung, wenn ich es brauche, muss mich aber nicht damit herumschlagen, wenn ich es nicht benötige.»

Wie funktioniert die Auto-Teilet in der Praxis? Markus R. erzählt: «Wir haben in Luzern fünf Standorte mit einen oder zwei Autos und einem Briefkasten mit einer Liste. Alle Genossenschafter haben einen Schlüssel und tragen sich in die Liste ein, wenn sie ein Auto benützen wollen.» In der Regel erhalte er so zum gewünschten Zeitpunkt ein Vehikel; ganz selten müsse er eins mieten. Aber selbst die gelegentliche Miete eines Autos oder die Benützung eines Taxis koste ihn zusammen mit den ATG-Kosten bedeutend weniger als ein eigenes Auto. «Weil die Benützung der ATG-Autos mit etwas mehr

«Der Autogebrauch geht deutlich zurück. Man merkt, dass es oft auch ohne geht.»

Aufwand verbunden ist, als wenn man schnell ins eigene Fahrzeug springen kann, geht der Autogebrauch deutlich zurück. Man merkt, dass es oft auch ohne geht.» Gegenüber früher, als er 12 000 Kilometer im Jahr im Auto zurücklegte, sind es heute noch 3000 bis 4000 Kilometer. Kosten: 1000 Franken Anteilschein (wird beim Austritt zurückbezahlt) und 65 Rappen je Kilometer (Benzin inbegriffen).

Seit dreieinhalb Jahren ist Markus R. ATG-Mitglied sowie im Vorstand der Genossenschaft, und er ist überzeugt, für sich und seine Familie den richtigen Weg gefunden zu haben. «Im Vordergrund steht der ökologische Nutzen. Aber auch finanziell ist das Modell vorteilhaft: Ich spare so viel, dass wir ohne weiteres im Schlafwagen in die Ferien reisen können», erzählt er. «Die Kinder geniessen das ohnehin mehr, und unter dem Strich kommt es mich auch dann günstiger, wenn ich daneben ab und zu ein Taxi nehme.»

Eine Frage der Lebensqualität, des Geldes – und der Ökologie

Ob alleinstehend oder mit Familie, ob Stadtbewohner oder auf dem Land zu Hause, Mann oder Frau, jung oder alt – irgendwann stellt sich die Frage, ob ein Auto geeignet sei, die Transportbedürfnisse zu stillen. Um folgende drei Punkte kreisen in der Regel die Überlegungen zu diesem Thema:

- *Lebensqualität:* Der Besitz eines Autos verspricht freie Verfügbarkeit und grosse Vielseitigkeit beim Transport von Menschen und Gütern über kurze und lange Distanzen. Aber für Kinder sind vor allem längere Autofahrten oft eine Qual, und gesetzliche oder verkehrsbedingte Einschränkungen der Mobilität (Geschwindigkeitbeschränkungen, Staus usw.) können die Freude am Auto weiter schmälern.

- *Finanzen:* Je nach Anschaffungspreis, Grösse und Gebrauchsweise verursacht ein Auto monatliche Kosten in der Höhe von einigen hundert bis über tausend Franken. Auf die gefahrenen Distanzen umgerechnet kann dies Kosten von etwa 40 Rappen bis Fr. 1.30 je Kilometer ergeben (bei 15 000 Kilometern im Jahr). Details finden Sie in der grafischen Darstellung im Anhang auf Seite 218.

- *Ökologie:* Der Individualverkehr belastet die Umwelt mit Lärm und Abgasen. Die Zusammenstellung im Anhang auf Seite 206 gibt eine Übersicht über Schadstoffe, ihre Herkunft und Wirkungen. Eine stark auf das Auto ausgerichtete Siedlungsplanung ermöglichte im weiteren die heutige Zersiedlung vor allem des schweizerischen Mittellands. Und oftmals problematische Strassenbauten sowie die Unfallopfer stehen ebenfalls auf der Negativseite der Bilanz.

Die Diskussion von Mobilitätswünschen, Randbedingungen und Verkehrsmitteln zeigt, dass es durchaus Transportbedürfnisse gibt, die mit dem Auto sinnvoll zu befriedigen sind. Deswegen aber gleich ein Auto zu kaufen, muss nicht notwendigerweise der einzig mögliche Schluss daraus sein. Im Gegenteil: Eine einfache Rechnung zeigt, dass sich die Fahrkosten je Kilometer verdoppeln, wenn man im Jahr beispielsweise nur 5000 statt 12 000 Kilometer fährt. Zum Beispiel bei einem Kleinwagen, Anschaffungspreis Fr. 17 500.– (Quelle: ShareCom):

	5000 km/Jahr Rp./km	12 000 km/Jahr Rp./km
Fixe Kosten (im Jahr)		
Steuern (Fr. 281.–)	5,62	2,34
Haftpflichtversicherung (Fr. 620.–)	12,40	5,17
Vollkasko mit		
Fr. 1000.– Selbstbehalt (Fr. 846.–)	16,92	7,05
Amortisation auf 8 Jahre (Fr. 2187.–)	43,74	18,23
5% Kapitalverzinsung vom		
halben Anschaffungspreis (Fr. 4375.–)	8,75	3,65
Autobahnvignette (Fr. 30.–)	0,60	0,25
Pannendienst TCS/VCS (Fr. 27.–)	0,54	0,23
Total fixe Kosten	**88,57**	**36,92**
Variable Kosten		
Unterhalt/Reparaturen	8,94	8,94
4 Reifen (Fr. 545.–/35 000 km)	1,56	1,56
Benzin 8,5 l/100 km, Fr. 1.20/l	10,20	10,20
Gesamt-Kilometerkosten	**109,45**	**57,62**
Gesamt-Jahreskosten in Franken	5472.50	6913.20

In dieser Kalkulation nicht enthalten sind Parkplatzkosten, Parkschäden durch Dritte, Insassenversicherung.

Alternativen zum persönlichen Privatmobil

Die Suche nach Alternativen zum eigenen Auto ist vor allem sinnvoll, wenn man ein solches nur sporadisch benützen will oder muss. Folgende Möglichkeiten gibt es:

Mieten oder ausleihen: nur im Ausnahmefall

Wenn ein Auto wirklich nur in seltenen Ausnahmesituationen benötigt wird, kann gelegentliches Mieten oder Ausleihen bei Bekannten eine Lösung sein.

Das *Mieten* eines Autos wird vor allem dann teuer, wenn man es an einem anderen Ort zurückgeben will, als man es übernimmt; für solche Bedürfnisse gibt es nur die professionellen Vermieter (Avis, Hertz usw.). Ihre Fahrzeuge kosten je nach Grösse des Autos und Mietdauer ab etwa 100 Franken im Tag, wobei namentlich für die Wochenenden günstigere Ansätze gelten. Die Vermietungsfirma Hertz hat zudem mit den SBB ein Abkommen, wonach Hertz Mietwagen zum normalen Tarif ohne Zuschläge an alle bemannten Bahnhöfe liefert und auch von dort wieder abholt (günstiger wird dieser Service, wenn man das Auto am selben Bahnhof wieder zurückgibt).

Tips:

- Autos von professionellen Vermietern sind vor allem für zeitlich kurze Einsätze mit wenigen Kilometern zu empfehlen.
- Preise verschiedener Anbieter vergleichen. Fragen Sie auch nach Spezialtarifen und besonders günstigen Zeiten (zum Beispiel Wochenende).
- Lassen Sie sich vom Vermieter über die Kosten und Leistungen der in den Preisen ein- und ausgeschlossenen Versicherungen informieren.

In der Regel preisgünstigere Möglichkeiten als bei den professionellen Vermietern bieten sich in vielen Garagen. Sie inserieren zumeist in den Fahrzeugrubriken der Tageszeitungen.

Tips:

- Bei Garagen gemietete Autos eignen sich vor allem für etwas länger dauernden Gebrauch, beispielsweise während einiger Ferienwochen.
- Klären Sie genau ab, wogegen Sie versichert sind und wogegen nicht (Selbstbehalte prüfen).
- Miete mit Kreditkarten ist bei Garagen oft nicht möglich.

Die *Ausleihe* bei Bekannten ist wegen des Statussymbol-Gehalts des Privatmobils nicht problemlos. Sie kann leicht den Eindruck von Schmarotzertum erwecken und hat deshalb mit entsprechender Zurückhaltung zu erfolgen. Achten Sie auch mit grosser Sorgfalt darauf, die Standards des Besitzers einzuhalten: Qualmen Sie nicht im Auto eines Nichtrauchers, geben Sie das Fahrzeug mindestens ebenso sauber zurück, wie Sie es erhalten haben, und unternehmen Sie nichts damit, was der Eigentümer nicht auch tun würde. Andernfalls werden Sie das Gefährt wohl kaum so bald wieder erhalten, und sogar Freundschaften können in Brüche gehen.

Im Fall eines Unfalls stellt sich die Haftpflichtfrage: Selbst eine eigens zu diesem Zweck ergänzte Privathaftpflichtversicherung deckt die Kosten nur, wenn die Ausleihe eine echte Ausnahme darstellt. Die Grenze zwischen sporadischem und regelmässigem Gebrauch wird dabei von den Versicherungen unterschiedlich kulant, immer aber recht eng gezogen: Einmal monatliche Benutzung kann bereits als «regelmässig» eingestuft werden. Ebenfalls eine Frage der Kulanz ist der Unterschied zwischen privater oder geschäftlicher Verwendung des Autos, weil die Versicherungen beim Gebrauch für die Firma davon ausgehen, die Geschäftsversicherung solle einen allfälligen Schaden begleichen. Zumeist gelten happige Selbstbehalte (oft ab 500 Franken). Und bei Grobfahrlässigkeit (zum Beispiel Alkohol) wird die Versicherung in aller Regel auf Sie Regress nehmen, das heisst, Sie haben den Schaden ganz oder teilweise aus eigener Tasche zu berappen.

Mitbenützung genau regeln

Einen Schritt weiter geht die mündliche oder besser schriftliche Vereinbarung mit dem Besitzer eines Autos über eine Mitbenützung. Von einer solchen Abmachung bleiben die Besitzverhältnisse unangetastet. Die Erfahrung zeigt, dass Mitbenützungsvereinbarungen vor allem dann gut funktionieren, wenn sich die Parteien zuvor eingehend über drei Punkte unterhalten haben:

- *Einstellung zum Auto:* Betrachten die Beteiligten das Privatmobil lediglich als patentes Fortbewegungs- und Transportmittel, oder hat es (auch) einen gewissen emotionalen Gehalt, beispielsweise als Statussymbol? Wie gross oder klein darf ein Kratzer an der Karosserie sein, bis die Grenze von der Geringfügigkeit zum ernsthaften Schaden oder gar zur Tragödie überschritten wird?
- *Erhoffte Vorteile:* Geht es den Beteiligten bei der Mitbenützung um den finanziellen Vorteil, um einen Beitrag zum umweltbewussten Verhalten oder allenfalls um etwas anderes?
- *Benutzungsart:* Wann wollen die Beteiligten das Fahrzeug jeweils benutzen, und lassen sich diese Zeiten miteinander koordinieren? Sind sie in diesen Zeiten absolut dringend aufs Auto angewiesen, oder ginge es zur Not auch anders?

Diese Mitbenützungs-Konditionen sind eingehend zu diskutieren. Heikel wird eine Mitbenützung (auch ein Miteigentum) vor allem dann, wenn eine beteiligte Person das Fahrzeug bedeutend mehr als die anderen Vertragspartner benötigt, da ein solches Ungleichgewicht leicht zu Reibereien führen kann: Der Hauptbenutzer kommt sich von seinen «Junior-Partnern» finanziell ausgenützt vor, da er ja die Hauptkosten trägt. Ebenso kann bei den «kleinen» Mitbenutzern der Eindruck entstehen, sie müssten nur bezahlen, hätten aber selbst wenig vom Verkehrsmittel. Zu regeln sind deshalb insbesondere folgende Punkte:

- Wann wollen die Mitbenutzer das Auto in der Regel gebrauchen (Tageszeiten, Wochentage)?
- Wie werden im Bordbuch die gefahrenen Strecken und die Betriebskosten (Kauf von Benzin und Öl usw.) festgehalten?
- Wer ist zuständig für Unterhalt, Reparaturen und Fahrtauglichkeit?
- Wie und in welchen zeitlichen Abständen werden die fixen und variablen Kosten abgegolten? Achtung: Es dürfen nur die *Selbstkosten* verrechnet werden, da der Besitzer andernfalls zum gewerblichen Verleiher wird, für den vor allem andere Versicherungsansätze gelten.
- Welche Regelungen gelten bei einem Unfall oder gar Totalschaden, verursacht durch den Besitzer oder den Mitbenutzer?
- Haben andere Personen der selben Haushalte wie die Mitbenutzer die selben Gebrauchsrechte?
- Welche Kündigungsfristen sind einzuhalten?

Auto-Teilet: zwei grosse Organisationen

Zum Teil seit vielen Jahren schon gibt es in der Schweiz kleinere Organisationen, deren Mitglieder sich in den Gebrauch eines oder mehrerer Autos teilen. In den vergangenen Jahren sind mit der Auto-Teilet-Genossenschaft ATG und der ShareCom zwei grosse Organisationen mit jeweils rund 300 Mitgliedern (Stand 1991) entstanden, die diesen Gedanken im grossen Stil konkretisieren (Adressen siehe Anhang Seite 221). Die ShareCom dehnt das Prinzip der Mehrfachnutzung (Slogan: «Nutzen statt besitzen») zudem auf andere teure und wenig benutzte Geräte wie Computer, Videokameras und Segelboote aus.

Beide Organisationen sind als Genossenschaften (nicht gewinnorientiert) konstituiert. Mit der Übernahme von Anteilscheinen im

Betrag von 1000 Franken wird man Mitglied; diesen Betrag erhält man bei einem Austritt zurück. An weiteren Kosten fällt lediglich das Kilometergeld an, in dem namentlich auch die Benzinkosten inbegriffen sind. Bei der ATG sind dies 65 Rappen, wobei man für mindestens 13 Kilometer bezahlen muss. Seit Herbst 1991 ist überdies die Reservationszeit abzugelten, um das lange «Blockieren» eines Autos mit allenfalls kurzer Benützung unattraktiv zu machen. ShareCom verrechnet 62 Rappen je Kilometer für einen Kombi-PW, 57 Rappen für einen Kleinwagen und 72 Rappen für einen Kleinbus (alle Zahlen: Stand 1991). ShareCom hat überdies drei Fahrzeuge zur Langzeitbenutzung ausgeschieden; diese sind ab drei Tagen Gebrauch erhältlich, wobei für wenigstens 50 Kilometer im Tag bezahlt werden muss.

Die beiden Organisationen ergänzen sich, da die ATG ihr Schwergewicht im Raum Luzern, die ShareCom ihr Haupteinzugsgebiet in der Agglomeration Zürich hat. ShareCom und ATG wollen deshalb in Zukunft vermehrt zusammenarbeiten mit dem Ziel, die Fahrzeuge beider Organisationen den Mitgliedern von ATG und ShareCom zu den selben Konditionen zur Verfügung zu stellen.

Völlig problemlos ist die Auto-Teilerei indes nicht: Ein Problem können unterschiedliche Standards der Benützer in Sachen Schäden und Sauberkeit sein. Die beiden Organisationen empfehlen deshalb ihren Mitgliedern, in den Autos nicht zu rauchen, und verwenden grundsätzlich nur neue Autos, die nach etwa drei Jahren verkauft werden.

Bei einem Unfall hat der Wagen einer Auto-Teilet-Organisation die gleiche rechtliche Stellung wie ein Firmenfahrzeug: Neben der üblichen Haftpflichtversicherung deckt eine Vollkaskoversicherung selbstverschuldete Schäden am Fahrzeug. Der Selbstbehalt und die Einbusse beim Versicherungsbonus gehen zulasten des fehlbaren Lenkers, der sich dagegen *nicht versichern* kann.

Dies stört die ATG- und ShareCom-Verantwortlichen indes nicht sonderlich, da sie gewissermassen ein erzieherisches Element darin sehen, dem Lenker seine Verantwortung bewusst zu machen. Im dümmsten Fall können diese Kosten zwischen etwa 1500 bis 2000

Franken ausmachen; Grobfahrlässigkeit kann zu noch höheren Beträgen führen.

Kein Problem ist die Autobenützung auch in anderen Regionen: Die beiden grossen Organisationen ATG und ShareCom verfügen über Fahrzeuge in weiter entfernten Gebieten, die man mit der Bahn erreichen kann. Überdies laufen Verhandlungen über eine gegenseitige Benützung der Autos mit ähnlichen Gruppierungen auch in anderen europäischen Ländern.

Kein Mitbesitz ohne vertragliche Regelung

Als letzte Stufe vor dem Kauf eines eigenen Autos kann man sich schliesslich dazu entscheiden, ein Auto gemeinsam mit einem (oder gar mehreren) Nachbarn oder Verwandten zum gemeinsamen Gebrauch zu kaufen beziehungsweise sich ins Fahrzeug eines Bekannten einzukaufen.

Hier gelten ähnliche Voraussetzungen und Randbedingungen wie für die Mitbenützung: Soll das gemeinsam erworbene und benützte Fahrzeug nicht zur Quelle von Unfrieden werden, sind eingehende Besprechungen der Beteiligten erforderlich. Dies sind die wesentlichen Punkte, die ein Automiteigentums-Vertrag enthalten muss (Vertragsentwurf siehe Anhang Seite 203):

- Soll das Auto den Besitzern zu jeweils gleichen Teilen gehören, oder entspricht eine andere Aufteilung besser der beabsichtigten Benutzungsweise?
- Soll ein Experte für die Festsetzung des Zeitwerts eines bereits vorhandenen Autos bestimmt werden?
- Wem gehört das Zubehör wie Musikanlage, Dachträger, Autotelefon usw.?
- Welche Benützungszeiten und/oder -arten der Mitbesitzer sind vorgesehen?
- Wie wird das Bordbuch für den Eintrag der gefahrenen Kilometer und der bezahlten Unkosten (Benzin, Öl, Service usw.) geführt?

- Wie sind die fixen Kosten (Steuern, Versicherungen, Autobahnvignette, Garage, Vorführkosten usw.) unter die Miteigentümer aufzuteilen?
- Sind die variablen Kosten (Wartung und Service, Reparaturen, Benzin und Öl, Reinigung) proportional zu den gefahrenen Kilometern zu übernehmen?
- Muss der Verursacher eines Unfalls für alle daraus resultierenden Kosten (inklusive Bonus-Verlust) aufkommen?
- In welchen Zeitabständen (monatlich, vierteljährlich usw.) werden die entstandenen Kosten abgerechnet?
- Ab welchem Betrag dürfen Reparaturen nur mit ausdrücklicher Zustimmung aller Vertragspartner in Auftrag gegeben werden?
- Was geschieht, wenn ein Miteigentümer seinen Anteil verkauft oder verpfändet beziehungsweise wenn sein Anteil gepfändet wird?
- Wie lange sind die Kündigungsfristen?

3. Kapitel

Kauf und Verkauf

Was ist mein Auto noch wert?

Ihren Audi 80, Jahrgang 1988, 60 000 Kilometer drauf, wollte Monika M. aus D. zu Geld machen. Was ist so ein Durchschnittsauto – mechanisch perfekt, aber mit leichten Parkschäden – noch wert, wie berechnen Garagen verschiedenster Couleur den Eintausch? Die Probe aufs Exempel ergab folgendes:

Garage A.E.: Bei der grossen Niederlassung des offiziellen VW/Audi/Porsche-Importeurs nimmt Viktor B. unsere Testerin sehr freundlich in Empfang. Er braucht eine halbe Stunde, um den Audi durch einen Mechaniker auf Herz und Nieren prüfen zu lassen. Auch in der Cafeteria wird die Kundin freundlich bedient. Herr B. schlägt ihr einen Eintausch vor gegen einen 1992er Audi 100 2.3E, der inklusive ABS, Automat, Metallic-Lackierung und Auslieferungspauschale 40 110 Franken kosten würde. Das ABS-System und die Bedienung des ungewohnten Automaten werden sehr verständlich und geduldig erklärt. Anscheinend aufgrund des Fahrzeugausweises – der Audi 80 läuft unter «Metzgerei» – offeriert B. einen Flottenrabatt von 3690 Franken, den Eintauschwert des «alten» Autos beziffert er noch auf 11 820 Franken.

> «Die Grossgarage braucht eine halbe Stunde, um den Audi auf Herz und Nieren prüfen zu lassen.»

Garage O.L.: In der bekannten Mercedes-Vertretung hat es Herbert F. eher eilig; ein Kollege wartet. Jedoch begutachtet er den Audi flink und speditiv, fragt nach der Versicherung wegen der kleinen Parkschäden und offeriert nach einem Blick ins Eurotax-Büchlein 14 500 Franken Eintausch beim Kauf eines Mercedes l90E. Er hätte auch noch günstige Vorführmodelle, Probefahrt nach Vereinbarung.

Garage T.L.: In der neuen Toyota-Garage ist der Empfang (mit Getränken) sehr professionell. Carlo U., der Verkäufer, zeigt verschiedene Toyota-Modelle und lässt den Audi eine halbe Stunde lang untersuchen. Er meint, der Kilometerstand sei gerade 290 Einheiten zu hoch, konsultiert Eurotax auf dem Bildschirm und bietet schliesslich je nach dem gewählten Toyota einen Eintauschpreis von 13 310 bis 13 520 Franken. Ohne Kauf eines anderen Wagens gäbe er 11 900 Franken für den alten Wagen. Der Computer druckt auch noch die festgestellten Mängel des Audi aus.

Garage S.W.: Herrmann S. führt eine eher kleine Garage für alle Marken. Er ist sehr freundlich, läuft nur kurz ums Auto herum und meint, normalerweise kaufe er nicht so teure Autos, eher Unfallwagen. Er will kein anderes Auto verkaufen, guckt ins Eurotax-Büchlein und bietet schliesslich 12 000 Franken, bar auf die Hand.

Garage B.M. ist ein Sonderfall, denn hier wurde der Audi seinerzeit neu gekauft, Auto und Kundin sind bestens bekannt. Hans G. weiss, dass alle Services gemacht wurden, und bietet 13 000 Franken. Zugleich macht er darauf aufmerksam, dass er noch neue Audi 80 «zum alten Preis» oder auch einige Audi-100-Occasionen hätte, und übrigens sei auch der VW Passat ein ganz interessantes Auto.

> «Der Besitzer der kleinen Garage schaut nur kurz und bietet 12 000 Franken bar auf die Hand.»

Garage H.L.: In der modernen Honda-Vertretung offeriert Frau K. sofort Kaffee, und als ihr Mann eintrifft, erklärt er sehr genau, unverbindlich und unaufdringlich verschiedene Honda-Modelle. Derweil wird der Audi von einem Mechaniker gründlich geprüft. Als obere Grenze für einen Eintausch gelten hier 12 000 Franken.

Garage B.E.: Oliver D. konsultiert Eurotax, spaziert ums Auto, kommentiert die Parkschäden und macht sein Angebot: Für 11 000 Franken kauft er den Audi, 12 000 bietet er, wenn zugleich ein anderes Auto gekauft wird. Zum Beispiel ein Audi 80 Sport, rot, mit 30 000 Kilometern, für den er einen Aufpreis von 13 900 Franken verlangt.

Das ideale Auto gibt es nicht

So einfach, wie sich die Frage nach dem «richtigen» Auto stellen lässt, so schwierig ist es, sie zu beantworten. Entsprechend unterschiedlich wie die finanziellen Verhältnisse, die individuellen Geschmäcker, die realen Bedürfnisse und die emotionalen Träume und Wünsche ist auch die Palette dessen, was die vereinigten Autohersteller der Welt anzubieten haben. Und wem das noch immer nicht reicht, der kann sich – genügend Kleingeld vorausgesetzt – ein Auto nach seinen Sonderwünschen umbauen und herrichten lassen (Tuning).

Am Anfang steht zweifellos die Einsicht, dass es das «richtige» oder «ideale» Auto nicht gibt, nicht geben kann. Denn ideal aus ökologischer Sicht ist nur ein Auto, das gar nicht erst gebaut wird beziehungsweise stillsteht. Und wenn es schon fährt, dann soll es möglichst leicht sein, um wenig Treibstoff zu verbrauchen. Anderseits kommt ein schweres Auto mit viel eingebauter Panzerung gegen Unfallfolgen den Sicherheits-Idealvorstellungen näher. Finanzielle Ideale streiten sich mit Komfort-, Vielseitigkeits- und Schönheitsidealen.

Und selbst in untergeordneten Punkten lässt sich nicht absolut sagen, was ideal sei: Breitreifen haften auf trockener Strasse besser, geraten aber auf nasser Fahrbahn leichter ins gefährliche Schwimmen (Aquaplaning). Zudem sind sie des grösseren Rollwiderstands wegen ökologisch nicht zu empfehlen.

Die Auswahl eines Autos und dessen Ausgestaltung in den Details ist demnach ein Abwägen verschiedener Vor- und Nachteile. Die Überlegungen, die man vorteilhaft vor der Lektüre von Prospekten und vor dem Besuch einer Garage anstellt, lassen sich in die Kategorien Bedürfnis, Finanzen, Ökologie, Sicherheit und Emotionales aufteilen.

Bedürfnis

Das Bedürfnis nach einem Auto wird gerade in der Schweiz mit ihren hervorragend ausgebauten öffentlichen Transportmitteln oft überschätzt (und die Kosten werden unterschätzt). Zum Beispiel beträgt die Länge einer durchschnittlichen Autofahrt bei uns lediglich 4,8 Kilometer! Im Jahr fährt jedes Auto im statistischen Durchschnitt 13 800 Kilometer, das macht knapp 1000 Kilometer im Monat plus eine Ferienreise. Zudem zeigt ein Blick auf die Strassen, dass die wenigstens Fahrzeuge auch nur annähernd voll besetzt sind.

Für die Wahl des Fahrzeugs ist der beabsichtigte Verwendungszweck von zentraler Bedeutung: Rasante Beschleunigungswerte und hohe Spitzengeschwindigkeiten sind unerheblich, wenn das Auto vor allem im Stadtverkehr verwendet werden soll; hier sind hingegen ein genügsamer Motor, Wendigkeit, Kompaktheit (Parkplätze) und allenfalls ein automatisches Getriebe von Vorteil. Anderseits zählt für grosse Distanzen neben Komfortkriterien (gute Federung, geringer Lärm usw.) ein lang untersetzter fünfter Gang (Spargang).

Überlegen Sie auch, ob es nicht ökologisch und finanziell vernünftiger wäre, für den alltäglichen Gebrauch einen Kleinwagen zu benützen und für die Ferienreise eine komfortable Limousine oder einen Kombi zu mieten.

Die gebräuchlichen Karosserieformen sind:
- Kleinwagen: Meist zweitüriger PW mit kurzem Radstand und eher knappen räumlichen Verhältnissen. Mit einer grossen Heckklappe (und umlegbarer Rücksitzlehne) wird der Kleinwagen zum günstigen und dennoch vielseitig verwendbaren «Dreitürer».
- Limousine: Viertüriger «klassischer» PW mit Schräg- oder Stufenheck
- Kombi oder Stationswagen: Viertüriger PW, dessen Kofferraum auf Dachhöhe vergrössert wurde, so dass die Kofferraumklappe zur fünften Türe wird; ideales Familienauto
- Coupé: Zweitüriger PW mit festem Dach

- Cabriolet: Zweitüriger PW mit Dach zum Öffnen (Faltdach oder Hardtop)
- Grossraum-Limousine: Mittelding zwischen PW und Minibus/Van mit hoher Karosserie, grosszügigem Platzangebot, hohem Luftwiderstand und starkem Motor
- Geländewagen: Aus ursprünglichen Arbeitsfahrzeugen entwickelte, schwere, hoch gebaute und komfortable Autos mit Vierradantrieb und grossen Motoren.

Das sind die wesentlichsten Kriterien, die Sie bei der Bedürfnisabklärung zu beachten haben:

- Arbeitsweg: Bedenken Sie, dass namentlich in Grossagglomerationen das reine Berufspendeln in Zukunft aus Umweltschutzgründen weiter eingeschränkt und das Angebot der öffentlichen Transportmittel eher verbessert wird.
- Grosseinkäufe
- Wochenend-Ausflüge
- Ferienreisen
- Familiengrösse
- Transport von Hund, Velos, Surfbrett usw.
- Anhänger-/Caravan-Tauglichkeit: Hier sind Autos mit stärkeren und niedertourigen Motoren (Diesel) von Vorteil.
- Vierradantrieb ist ratsam für Leute, die oft in unwegsamem Gelände, auf Eis und Schnee fahren müssen (zum Beispiel Förster), für Alltagsbedürfnisse indes nur selten von Nutzen, hingegen ökologisch unsinnig (erhöhter Treibstoffverbrauch von fünf bis zehn Prozent). Zudem kann er zu Fahrten in wegloses Gelände verleiten, die gefährlich und/oder ökologisch bedenklich sind. Beim Bremsen bringt Vierradantrieb keine Vorteile.

Finanzen

- *Kaufbudget:* Dazu gehören auch Zubehör und Extras wie Pannendreieck, Abschleppseil, Überbrückungskabel, Benzinkani-

ster, Feuerlöscher, Erste-Hilfe-Set, Kindersitz(e), Sonnen-/
Schiebedach, Klimaanlage, Dachträger, Radio/Tonband/CD-
Spieler, ABS, ASR, Zentralverriegelung, Servolenkung, Auto-
telefon, Winterreifen, Anhänger usw.

- *Betriebsbudget:* Steuern, Versicherungen, Abstellplatz/Garage,
Öl, Benzin/Diesel, Autobahn-Vignette, Reinigung, Service (sie-
he Servicekosten-Statistik des TCS im Anhang Seite 219),
Reparaturen usw.

- *Pannenhäufigkeit:* Der TCS führt eine Pannenstatistik, die
sowohl die Pannenanfälligkeit der gebräuchlichsten Autos als
auch die häufigsten Pannenursachen laufend aufarbeitet
(Adresse siehe Anhang Seite 222).

- *Finanzierung:* Barzahlung, Kredit, Leasing (siehe «Wer soll das
bezahlen?» Seite 62).

- *Wiederverkaufswert:* Wenn Sie sich mit dem Gedanken tragen,
das zu erwerbende Auto allenfalls wieder zu verkaufen, bevor
es schrottreif ist, geben Ihnen die Marktberichte der Verlagsge-
sellschaft Eurotax Auskunft, welche Fahrzeuge ihren Wert aus
Gründen von Angebot und Nachfrage besser als andere behalten. Jeder Garagist verfügt über die Eurotax-Büchlein beziehungsweise deren elektronisch aufgearbeitete Informationen,
ebenfalls die Automobil- und Verkehrsverbände.

Ökologie

- *Umweltbelastung beim Betrieb*: Autos belasten die Umwelt in
unterschiedlichem Mass mit Lärm und Abgasen. Eine wesentliche Verbesserung der Abgas-Situation hat in den achtziger Jahren die Einführung des Katalysators und des bleifreien Benzins
gebracht. Neuautos ohne Katalysator gibt es praktisch keine
mehr, da sie die strengen Grenzwerte nicht einhalten können.
Und Occasionen ohne Katalysator verlieren ihren Wert rasch,
da der Gedanke von Betriebseinschränkungen für Autos ohne
Katalysator, zum Beispiel in den Sommermonaten mit hohen

Ozonwerten, bereits öffentlich diskutiert wird. Über die wichtigsten Luftschadstoffe und ihre Ursachen informiert eine Zusammenstellung im Anhang auf Seite 206. Der VCS gibt in der Regel zweimal jährlich eine Auto-Umweltliste mit den wesentlichsten Ökodaten der hundert häufigsten Personenwagen heraus (siehe Anhang Seite 209).

Weiter macht es einen Unterschied, ob die Bremsbeläge Ihres Autos asbestfrei sind oder nicht, ob PVC (mit krebserregenden Ausdünstungen) im Innenraum verwendet wurde, ob lösungsmittelfreie Lacke eingesetzt wurden und ob das gewählte Fahrzeug eine verdunstungssichere Tankanlage hat. Fragen Sie die Autohändler danach. Eine Verbrauchsanzeige am Armaturenbrett motiviert zum zurückhaltenden Einsatz des Gasfusses. Und schliesslich ist aus Umweltschutzgründen einem langlebigen Auto der Vorzug zu geben, da Produktion und Entsorgung die Umwelt stärker belasten als ein vernünftiger Betrieb. Über die Langlebigkeit von Autos geben die Eurotax-Marktberichte Auskunft.

- *Umweltbelastung beim Abbruch:* Auch Autos müssen einmal entsorgt werden, wobei sie je nach Herstellungsweise mehr oder weniger umweltfreundlich sind. Ein hoher Anteil an Verbundwerkstoffen wirkt sich zum Beispiel ungünstig aus, da diese wirtschaftlich kaum recyclierbar sind. Verschiedene Kunststoffe können indes gut wieder verwendet werden.

- *Motorisierung:* Welcher Motor belastet die Umwelt am wenigsten? *Elektroautos* können nach dem aktuellen Stand der Technik Autos mit Verbrennungsmotoren nicht ersetzen, da die Kapazität der Batterien stark beschränkt ist (namentlich im Winter, wenn zur Fortbewegungsenergie noch der Bedarf für Licht, Heizung und Scheibenwischer kommt). Vor allem in Kombination mit den öffentlichen Transportmitteln können sie indes eine Alternative bieten – sofern die Energie nicht einfach aus der Steckdose und damit von einem Kernkraftwerk kommt. Die weitaus sparsamsten Triebwerke sind zur Zeit *Dieselmotoren,* die zudem bedeutend weniger Ozon-Killer-Gas Kohlenmonoxid (CO) produzieren als Benziner. Anderseits ist der Dieselruss möglicherweise krebserregend, und bei sehr niedrigen Temperaturen kann das Dieselöl «gefrieren».

- *Reifen:* Quizfrage: Was ist Grossbetrieben wie Swissair und PTT in Sachen Pneus billig, den meisten Schweizern aber keineswegs recht? Antwort: runderneuerte Reifen, früher auch aufgummierte Pneus genannt. Während die Herstellung eines einzigen neuen PW-Reifens 35 Liter Erdöl benötigt, reicht für runderneuerte Pneus ein Drittel dieser Menge. Da bei abgefahrenen «Finken» nur 15 Prozent des Reifens verbraucht sind und es keine besonderen Schwierigkeiten bereitet, die intakte Karkasse zum Aufbau eines neuwertigen Pneus zu verwenden, ist nicht einzusehen, weshalb man nicht die 20 bis 50 Prozent günstigeren und umweltfreundlicheren Reifen einsetzen soll. Sieben Fabrikanten stellen Pneus dieser Art her und geben das RAL-Gütezeichen für einwandfreie Qualität ab (Adressen siehe Anhang Seite 223).

Sicherheit

Die Sicherheit beim Autofahren ist weitgehend von der Fahrweise des Lenkers abhängig (siehe Kapitel «Unterwegs» Seite 100). Bereits beim Autokauf kommt indes das Sicherheitsdenken zum Zug: Gemäss Statistik der Schweizerischen Vereinigung der Haftpflicht- und Motorfahrzeug-Versicherer (HMV) gilt, dass sparsam motorisierte Autos weniger gefährliche Unfälle verursachen (siehe Tabelle im Anhang Seite 216). Zudem bieten die Hersteller vor allem passive Sicherheit in unterschiedlichem Mass an. Allerdings dürfen Sie sich von diesen Sicherheitseinrichtungen nicht zu riskanten Fahrmanövern verleiten lassen, da sie Unfälle nicht einfach unmöglich machen. Folgende Punkte sind zu beachten:

- *Sicht:* Die Qualität der Sicht ist von der Grösse und Übersichtlichkeit des Blickfelds und des Scheibenwischerfelds abhängig. Wenn der Abstand zwischen Fahrersitz und Windschutzscheibe sehr gross ist, kann das Gesichtsfeld bei Regen oder Schnee eher klein werden («Schiessscharten»-Effekt).

- *Licht:* Auch die Beleuchtung ist wichtig für die Sicherheit. Vor allem helle, weit und breit leuchtende Abblendlichter, die aber entgegenkommende Lenker nicht blenden dürfen, lassen Gefahren frühzeitig erkennen.

- *Anti-Blockier-Systeme (ABS)* verhindern elektronisch gesteuert ein Blockieren der Räder, auch wenn die Bremse voll durchgedrückt wird. Das Auto lässt sich dadurch auch bei Vollbremsung noch (um Hindernisse herum oder durch Kurven) steuern. Weil haftende Räder einen höheren Reibungskoeffizienten aufweisen als rutschende, wird zudem der Bremsweg verkürzt.

- *Antischlupf-Regelung (ASR):* Die Antischlupf-Regelung ist gewissermassen das Gegenstück zum ABS und verhindert auf glatter Fahrbahn das Durchdrehen der Antriebsräder beim Beschleunigen.

- *Knautschzonen:* Guten Schutz für die Autoinsassen bei Kollisionen verspricht eine stabile Fahrgastzelle, die von sogenannten Knautschzonen (vor allem vorn und hinten, aber auch seitlich) umgeben ist. Die Fahrenergie (kinetische Energie) wird beim Aufprall mit der Deformation dieser Zonen vernichtet, was geringere Verletzungen der Passagiere zur Folge hat.

- *Sicherheitsgurten/Airbag:* Die gesetzlich vorgeschriebenen Sicherheitsgurten verhindern – sofern richtig montiert und verwendet – bei einem Aufprall des Autos, dass der Fahrer auf Lenkrad und Armaturenbrett oder der Beifahrer durch die Windschutzscheibe geschleudert wird. Der im Lenkrad eingebaute Airbag (Luftsack), vorläufig erst für Wagen der Oberklasse zumeist als Extra erhältlich, bläst sich bei einem Aufprall in Sekundenbruchteilen auf und soll so Gesichtsverletzungen verhüten. Soll der Airbag die Sicherheitsgurte ersetzen, muss er höheren Anforderungen genügen (ca. 60 Liter Volumen) und ist entsprechend teurer (USA-Version). Für europäische Verhältnisse wird an einem kleineren (und günstigeren) Modell mit etwa 30 Litern Volumen als Ergänzung zur Gurte gearbeitet.

Komfort

Für lange Fahrten sind ein gut gedämpftes *Fahrwerk* sowie bequeme *Sitze* von grosser Bedeutung, vor allem für jene keineswegs kleine Gruppe von Menschen mit Rückenproblemen. Längst ist die Zeit der simplen Blattfedern vorbei. Luft- und Hydraulikfederungen, kombiniert mit Federstäben und Stossdämpfern sowie von Computersteuerungen überwacht, sollen die Autofahrer über Bodenunebenheiten «schweben» lassen, ohne dass sie Kontakt und Gefühl zur Strasse verlieren. Neueste in Serie gebaute Superfederungen kommen diesen Idealvorstellungen nahe, sind aber (noch) recht teuer. Nehmen Sie zur Probefahrt Ihre Familie mit, um die Sitzqualität auch der Rücksitze zu erproben.

Eine Komfortfrage und zugleich unter Umweltschutzaspekten von Bedeutung ist die Frage des *Lärms,* den ein Auto für seine Passagiere und für die Umgebung erzeugt. Die Automobiltechnik widmet diesem Thema steigende Aufmerksamkeit, wobei es darum geht, die verschiedenen Geräusche (Motor, Auspuff, Getriebe, Reifen, Wind) wenn möglich gar nicht erst entstehen zu lassen oder aber optimal zu dämpfen. Eine niedertourige und gelassene Fahrweise kann diese technischen Verbesserungen wesentlich unterstützen (siehe auch Kapitel «Unterwegs» Seite 100).

Ebenfalls zum Thema Komfort gehört die Frage, wie leicht *Lenkung, Schaltung, Kupplung und Bremsen* zu bedienen sind. Servolenkung, Automatikgetriebe und Bremskraftverstärker nehmen dem Lenker viel vom früher erforderlichen Kraftaufwand ab, sind allerdings nicht gratis. Bei handgeschalteten Getrieben ist auch auf die Qualität der Schaltkulisse zu achten: Wenn man sich leicht verschaltet, kann dies zu heiklen Situationen führen.

Vor allem für den Einsatz im Stadtverkehr, aber auch wenn man Mühe mit dem Kupplungs-Schleifpunkt hat, ist der Kauf eines Fahrzeugs mit *automatischem Getriebe* zu überlegen. Den Nachteilen der etwas höheren Kosten und des leicht erhöhten Treibstoffverbrauchs steht der Vorteil gegenüber, sich ganz auf den Verkehr und aufs Lenken konzentrieren zu können. Während ältere Automaten

Dreigang-Getriebe hatten, kommen heute meist Fahrzeuge mit Viergang-Automatik in den Handel, die wegen der feineren Abstufung der Untersetzungen und der dadurch grösseren Sparsamkeit vorzuziehen sind.

Radio, Tonbandgeräte und CD-Spieler sind für das Funktionieren des Autos an sich nicht nötig, dienen aber der nicht unwichtigen Information sowie der Unterhaltung. Radios mit Verkehrsfunk-Automatik unterbrechen Tonband- oder CD-Musik oder schalten sich automatisch ein, wenn eigens codierte Verkehrsmeldungen durchgegeben werden.

In den Bereich der *Bedienungserleichterungen* gehören elektrische Antriebe für Fenster, Schiebedach, Sitzverstellung, Zentralverriegelung sowie Kofferraum- und Tankdeckelverriegelungen, die vom Fahrersitz aus geöffnet werden. Bedenken Sie dabei,

- dass auch kleine Elektromotörchen Energie benötigen
- dass diese Erleichterungen nicht gratis sind
- dass sie anderseits verschleiss- und pannenanfällig sind.

Ebenfalls nicht unproblematische Komfort-Extras sind *Klimaanlagen,* die vermehrt auch in Mittelklassewagen angeboten werden. Den Vorteilen (im Sommer angenehm kühl, im Winter besser geheizt) stehen neben den Anschaffungskosten von gegen 2000 Franken ein um etwa zehn Prozent erhöhter Benzinverbrauch sowie die immer noch verbreitete Verwendung umweltschädlicher Gase (Freon) gegenüber. Für das übers Jahr gesehen doch meist moderate helvetische Klima fallen die Nachteile eher stärker ins Gewicht. Für die Kühlung sind neuerdings auch mit Solarzellen gespiesene Ventilationsanlagen erhältlich, die zusätzlich eingebaut werden können (und im abgeschalteten Zustand die Batterie aufladen).

Ebenfalls zum Thema Komfort gehört die *Vierrad-Steuerung,* die vor allem beim Parkieren Vorteile bietet. Bei extremem Lenkradeinschlag «helfen» die Hinterräder, den Wendekreis zu verkleinern, indem sie leicht in die selbe Richtung steuern. Bedenken Sie, dass jede Komfortverbesserung ihren Preis hat und immer auch die Möglichkeit von Defekten in sich birgt.

Emotionales

- Farbe/Speziallackierung
- Herstellungsland
- Motorengeräusch
- Beschleunigung/Geschwindigkeit
- Schönheit

Haben Sie allenfalls auch geheime Träume, die sich um Ihr Auto ranken? Es hat keinen Sinn, solche Wünsche zu negieren, auch wenn sie einer rationalen Begründung entbehren. Wenn es solche Bedürfnisse gibt, sollten sie auch berücksichtigt werden; andernfalls sind Sie mit dem Auto unzufrieden. Sie müssen sich allerdings bewusst sein, dass vor allem extreme Geräusch- und Geschwindigkeits-«Bedürfnisse» rasch an die Grenzen des Umweltschutzes und des Gesetzes stossen. Sie können sich zwar eine «röhrende Rakete» kaufen, dürfen diese aber nicht als solche benützen, was kaum befriedigend ist.

Tips:

- Konsultieren Sie die TCS-Pannenstatistik und die VCS-Auto-Umweltliste (siehe Anhang Seite 209), bevor Sie sich für ein bestimmtes Fahrzeug entscheiden.
- Halten Sie sich bei knappem Budget an marktgängige Autos.
- Kaufen Sie sich das Auto mit dem laut Anforderungsprofil kleinstmöglichen Motor. Sie sparen damit Anschaffungs- und Unterhaltskosten und schonen erst noch die Umwelt.
- Umweltschonend verhalten Sie sich auch, wenn Sie ein möglichst leichtes Fahrzeug kaufen, da jedes Herumführen von Gewicht – egal ob Transportmittel oder Transportgut – Treibstoff frisst.
- Je mehr ein Auto verschiedenen Zwecken dienen soll, um so teurer kommt die Anschaffung zu stehen.

- Die Erfahrung zeigt, dass vor allem Fahrzeuge mit 1200 bis 1800 Kubikzentimetern Hubraum ihren Wiederverkaufswert länger halten als andere Vehikel.
- Auch Kombis und Stationswagen halten ihre Preise besser, da sie stark gefragt sind. Dasselbe gilt in einem begrenzten Markt-segment für Cabriolets, Coupés und Autos mit Vierradantrieb.
- Beim Thema Vierradantrieb ist zwischen permanentem 4WD und zuschaltbarer Vierrad-Traktion zu unterscheiden. Ersterer bietet auch auf trockener, vor allem aber rutschiger Strasse Vorteile, ist aber teurer. Die zweite Art weist laut TCS-Test im konventionellen Zweirad-Betrieb deutlich schlechtere Eigen-schaften auf und darf nur auf Schnee und losem Untergrund eingesetzt werden.

Neuwagen oder Occasion?

Pro und contra Neuwagen/Occasion

Neuwagen

Pro:
- Vollständige Auswahl an Formen, Farben und Extras
- Garantie

Contra:
- Hoher Preis, hohe Ab-schreibung im ersten Jahr
- Möglicherweise versteckte Herstellungsfehler
- Extras kosten zusätzlich

Occasion

Pro:
- Günstiger Preis
- Weniger Kinderkrankheiten
- Extras oft sehr günstig

Contra:
- Begrenzter Spielraum für Spezialwünsche
- Gefahr verborgener oder verheimlichter Unfall- und Abnützungsschäden oder verschwiegener Herstellungsfehler

Die Frage, ob man mit einem Neuwagen oder einem Gebrauchtfahrzeug besser fährt, ist nicht mit einem Wort zu beantworten. Das fabrikneue Vehikel hat in erster Linie den Vorteil der Garantie, kann aber durchaus gewisse Kinderkrankheiten aufweisen (bis hin zur seltenen Variante eines sogenannten Montagsautos). Anderseits kann eine gut gepflegte Occasion möglichst aus erster Hand mit nicht zu vielen Kilometern auf dem Tacho durchaus viele weitere Jahre zufriedenstellend verkehren. Grundsätzlich sollten Sie davon ausgehen können, dass Sie mit einem höheren Kaufpreis auch mehr Qualität erhalten, wobei positive und negative Überraschungen sowohl bei neuen wie bei gebrauchten Gefährten möglich sind.

Der Neuwagen

Der Kauf eines neuen Autos ist in der Regel problemloser, als wenn Sie auf die Suche nach einer Occasion gehen: Sie suchen sich nach Belieben Hersteller, Fahrzeug, Ausstattung und auch Händler aus. Sie dürfen davon ausgehen, für einen allerdings respektablen Preis ein dank unzähliger Kontrollen einwandfreies Auto zu erhalten. Und falls dies nicht der Fall sein sollte, können Sie auf die Garantie pochen.

Der Ausdruck «Neuwagen» kann allerdings zu Missverständnissen Anlass geben: Damit bezeichnen die Händler auch Autos, die möglicherweise schon ein Jahr oder noch älter sind, aber noch nicht verkauft wurden und deshalb einen minimalen Kilometerstand haben. Die Bezeichnung als Neuwagen ist gemäss Gerichtspraxis zulässig, sofern solche Autos keine Standschäden aufweisen. Auch darf das Vehikel nicht übermässig alt sein. Gemäss einem deutschen Gerichtsurteil, das in der Schweiz gewiss ähnlich ausgefallen wäre, darf ein Auto nach einer Standzeit von 21 Monaten nicht mehr als Neuwagen angeboten werden. Hat in der Zwischenzeit ein Modellwechsel stattgefunden, ist der Wert gegenüber dem Listenpreis jedenfalls reduziert.

Auch bei Neuwagen ist es möglich, dass Mängel auftreten, die der Garagist innerhalb der Garantiezeit (zumeist ein Jahr) beheben muss. Gelingt ihm dies mit höchstens drei Versuchen nicht, was gelegentlich durchaus vorkommt, können Sie eine *Wandlungs- oder Minderungsklage* anstrengen, das heisst ein anderes, hoffentlich einwandfreies Fahrzeug oder einen entsprechenden Preisnachlass verlangen. Klagen können Sie allerdings nur, wenn Sie sich diese Möglichkeit nicht selbst genommen haben. Der in der Schweiz zumeist zur Anwendung gelangende Kaufvertrag des Autogewerbe-Verbands der Schweiz (AGVS) schliesst nämlich die gesetzlich gegebene Wandlungs- oder Minderungsklage (Obligationenrecht Artikel 205.1) aus. Sie fahren also besser, wenn Sie diese Bestimmung aus dem Vertrag streichen.

Das Beispiel zeigt einmal mehr, wie wichtig es generell ist, Verträge genau und von A bis Z durchzulesen. Lassen Sie sich geheimnisvoll formulierte Passagen erklären und unterschreiben Sie nur, was Sie verstanden haben und womit Sie einverstanden sind.

Tips:

- Beim Kauf eines Neuwagens dürfen Sie in der Regel einen Rabatt von etwa fünf Prozent auf den offiziellen Listenpreis oder Extras im selben Umfang erwarten (vor allem bei Barzahlung).

- An Messen und Ausstellungen hat sich ein Ausstellungsrabatt von wenigstens zehn Prozent eingebürgert.

- Mit einem zusätzlichen Extrapreisnachlass kommen Sie zu Ihrem neuen Auto, wenn Sie im Spätherbst auf die Suche gehen und einen Händler finden, der die vom Importeur für das laufende Jahr verlangte Anzahl Wagen noch nicht verkauft hat.

- Grössere Rabatte sind allenfalls möglich, wenn Sie sich für ein sogenanntes *Auslaufmodell* entscheiden. Es handelt sich hier um Autos, die demnächst durch ein geändertes Modell (neue Karosserie usw.) abgelöst werden. Dem geringeren Kaufpreis

steht allerdings später ein entsprechend reduzierter Wiederverkaufswert gegenüber. Das ist ja auch der Grund, weshalb der
Garagist das Fahrzeug günstiger gibt. Auslaufmodelle sollten
anderseits keine Kinderkrankheiten mehr haben und sind vor
allem dann interessant, wenn man den Wagen bis zur Schrott-
reife zu fahren beabsichtigt.

- Es versteht sich, dass auch bei einem Neuwagen eine Probefahrt zu absolvieren ist. Die Hinweise in der Checkliste für den
Occasions-Kauf (siehe Anhang Seite 211) gelten sinngemäss.

- Wenn innerhalb der Garantiezeit eines Neuautos Mängel auftreten, empfiehlt es sich, Zeit, Ort, Kilometerstand und Art des
Mangels festzuhalten. Sollte es dem Garagisten nicht gelingen,
das Problem aus der Welt zu schaffen, sind Sie so für den Gang
zu einem unabhängigen Fachmann besser dokumentiert.

- Der Garagist wird sich in der Regel mit Händen und Füssen
dagegen wehren, ein mangelhaftes Auto zurückzunehmen und
Ihnen ein anderes zu geben. Richten Sie sich in einem solchen
Fall auf einen mühsamen Rechtshandel ein oder suchen Sie –
beraten durch Fachleute beispielsweise eines Verbandes – den
Kompromiss.

- Beim Schweizerischen Verband der freiberuflichen Fahrzeug-
Sachverständigen (+vffs) erhalten Sie Adressen von Experten
zur unabhängigen Beurteilung von Mängeln (Adresse siehe
Anhang Seite 223).

Das Occasions-Auto

Gebrauchtwagen haben oft keinen sonderlich guten Ruf – zu
Unrecht. Wer sich eine «Schwarte» andrehen lässt, muss sich meist
an der eigenen Nase nehmen. Indes können sich auch Nicht-Fach-
leute davor schützen, übers Ohr gehauen zu werden. Ein wichtiges
Instrument dazu sind die blauen und gelben *Eurotax-Marktberichte*,
umgangssprachlich schlicht als «*Büchlein*» bekannt. Die darin aufgeführten Kaufs- und Verkaufs-Richtwerte für alle in der Schweiz

gebräuchlichen Autos entstehen auf Grund einer eigentlichen «Auto-Landsgemeinde». Sämtliche am Autohandel interessierten Kreise – Garagen, Kreditinstitute, Verkehrsverbände, Versicherungsgesellschaften usw. – treffen sich in regelmässigen Abständen, um sich zu einer korrekten Preisgestaltung zusammenzuraufen. Genormte Preise sind allerdings nicht gleichbedeutend mit einheitlichen Qualitätsstandards. Die Büchlein-Preise gelten für durchschnittlich benützte Fahrzeuge, die im Jahr etwa 15 000 Kilometer zurücklegen. Besonders sorgfältig gepflegte Wagen mit vielen Extras wie Klimaanlage, Schiebedach, Musikanlage, Zusatzreifen usw. kosten entsprechend mehr. Anderseits sinkt der Wert eines übermässig gefahrenen und minimal unterhaltenen Vehikels auch bedeutend unter die Eurotax-Angaben.

Unterziehen Sie das Fahrzeug, vor allem wenn Sie es von einer Privatperson zu erwerben gedenken, einer möglichst genauen Kontrolle:

- Beginnen Sie mit dem generellen Eindruck von aussen. Weist das Fahrzeug Roststellen an der Karosserie, vor allem an Türschwellen, Kotflügel- und Türunterkanten, unter Zierleisten und Bodenteppichen auf?

- Fahren Sie fort mit dem Eindruck von innen. Fallen Ihnen durchgesessene Sitzpolster, abgenutzte Bodenbeläge und Fusspedale auf?

- Weiter geht die erste Übersicht mit einem Blick unter die Kühlerhaube: Stellen Sie hier Sauberkeit oder Rost und ölverschmierte Teile fest?

- Zum Schluss folgen die Funktionskontrollen und die eigentliche Probefahrt (Checkliste siehe Anhang Seite 211).

Für den Kauf haben Sie im Prinzip die Auswahl zwischen einer (Marken-)Garage, einem Occasionshändler oder einer Privatperson. Sowohl die Garage als auch der Occasionshändler haben in der Regel gebrauchte Fahrzeuge verschiedener Marken im Angebot; auch ihre Preise dürften ähnlich sein, da sie ähnlich kalkulieren müssen. Beim Kauf von Privat entfällt die Warenumsatzsteuer, dafür ist die Auswahl beschränkt. Auch Händler gestalten ihre Inserate gelegentlich wie private Verkaufsangebote, um sie attraktiver aussehen zu lassen.

Haben Sie sich zum Kauf bei einem Garagisten entschlossen, sollten Sie unbedingt auf einer *Garantie* bestehen, die Sie anderseits von einem Händler oder Privaten, die ja keine Garantiearbeiten ausführen können, nicht erhalten werden. Hier gilt Artikel 197 des Obligationenrechts: «Der Verkäufer haftet dem Käufer sowohl für die zugesicherten Eigenschaften als auch dafür, dass die Sache nicht körperliche oder rechtliche Mängel habe, die ihren Wert oder ihre Tauglichkeit zu dem vorausgesetzten Gebrauche aufheben oder erheblich mindern. Er haftet auch dann, wenn er die Mängel nicht gekannt hat.»

Auch wenn ein Händler oder privater Verkäufer ausdrücklich jegliche Garantie ausschliesst, haftet er für Mängel, die er dem Käufer arglistig verschwiegen hat (Artikel 199 OR). Hier beginnen allerdings die Beweisschwierigkeiten, denn was verschwiegen wurde, steht natürlich in keinem Vertrag, genau so wenig wie mündliche Zusicherungen von (nicht vorhandenen) Eigenschaften darin aufgeführt wären.

Eine Bemerkung noch zum Thema «unfallfrei»: Nicht jedes Fahrzeug, das in eine Karambolage verwickelt war, ist rechtlich ein Unfallwagen. Unter diesen Begriff fallen Vehikel, die schwerwiegend an Fahrgestell, Motor, Kraftübertragungsteilen oder Wagenkasten beschädigt wurden, wobei diese Schäden nicht durch Neuersatz, sondern durch Richtarbeiten (Wärmen, Schweissen, Pressen, Zentrieren usw.) behoben wurden. Kleinere Blechschäden und geringfügige Deformationen fallen nicht unter den Begriff «Unfallwagen». Durch eine Kontrolle von Serviceheft und Reparaturquittungen erfahren Sie am meisten über das «Vorleben» eines Autos und können sich eine Meinung darüber bilden, ob Sie frühere Schäden als schwerwiegend einstufen oder nicht.

Schliesslich kann auch ein detaillierter schriftlicher Kaufvertrag nicht alle Eventualitäten regeln. Es braucht auch ein gewisses Vertrauen zum Vertragspartner nach dem Motto: «Trau, schau wem».

Tips:

- Das Fahrzeug sollte mindestens in den letzten acht Monaten amtlich geprüft worden sein. In allen Kantonen (Ausnahmen: Kantone BE, FR, TI, VD, NE und JU) können bis zu sechs Jahre alte Autos bei Halterwechsel ohne amtliche Nachprüfung in Verkehr gesetzt werden, auch wenn die letzte Prüfung länger als ein Jahr zurückliegt beziehungsweise das Fahrzeug noch nie nachgeprüft wurde. Der neue Halter kann aber kurz nach dem Autokauf das Aufgebot zur Nachprüfung erhalten, was mit zusätzlichen Kosten von in der Regel 300 bis 500 Franken verbunden ist.

- Der Preis sollte mit den Eurotax-Listen verglichen werden, wobei gewisse Abweichungen möglich sind.

- In Zweifelsfällen gibt der alte Fahrzeugausweis Auskunft über den früheren Besitzer, die erste Inverkehrsetzung und über den Verwendungszweck des Fahrzeugs (zum Beispiel Taxi oder Fahrschulauto). Das Serviceheft (allenfalls auch die Rechnungen) lässt anhand der ausgeführten Servicearbeiten, Reparaturen und Ersatzteile Rückschlüsse zu über behobene Mängel und Schäden, aber auch über die Gründlichkeit der Wartung.

- Lassen Sie die Finger vom Occasions-Abenteuer, wenn der Verkäufer kein Serviceheft vorweisen kann.

- Verlangen Sie beim Kauf einer Occasion bei einem Händler eine schriftliche Vollgarantie (Normalfall: drei Monate und/oder etwa 5000 Kilometer auf Ersatzteilen und Arbeit).

- Wurde der alte Fahrzeugausweis mehr als sechs Monate zuvor annulliert, sollten Sie das Fahrzeug wegen allfälliger Standschäden nur mit schriftlicher Vollgarantie akzeptieren.

- Falls Sie sich den Kauf eines gebrauchten Autos ohne Garantie (zum Beispiel von Privat) überlegen, sollten Sie es unbedingt vorher von einem vertrauenswürdigen Spezialisten untersuchen lassen.

- Auch die im Occasions-Kaufvertrag von Privat übliche Formulierung «...wie gesehen und gefahren unter Ausschluss jeglicher

Gewährleistung» bedingt nicht jegliche Verantwortung des Verkäufers weg. Zumindest die Mängel, die der Verkäufer kannte oder kennen musste und die er dem Käufer arglistig verschwieg, fallen nicht unter eine solche Klausel. Konfliktträchtig ist die Formulierung aber allemal und sollte vermieden werden.

- Die Garantie muss (ausser beim Kauf von Privat) schriftlich geregelt sein.
- Lassen Sie das Occasions-Auto beim leisesten Zweifel während der Garantiezeit durch einen neutralen Experten überprüfen.

Die Top-Occasionen

Als die wohl besten Occasionen, die fast als Quasi-Neuwagen zu bezeichnen sind und allenfalls anfänglich vorhandene Kinderkrankheiten auskuriert haben, gelten die sogenannten *Jahreswagen* meist gut betuchter Mitbürger. Es handelt sich um Autos, die nur ein Jahr gefahren wurden, da deren Besitzer jedes Jahr das neueste Modell haben wollen. Ein grosses Angebot an Jahreswagen finden Sie unter den Autos der Autofabriken-Angestellten. Da die Mitarbeiter der Hersteller schöne Rabatte in der Grössenordnung von 20 bis 25 Prozent geniessen, leisten sich viele jedes Jahr ein neues Fahrzeug und geben den «alten» Wagen in eine meist von den Fabrikanten organisierte Gebrauchtwagen-Vermittlung. Schriftlich oder per Telefon kann man an diese Börsen gelangen und sich nach einem Fahrzeug mit den gewünschten Kriterien erkundigen. Gelegentlich (zum Beispiel bei VW) sind solche Instanzen allerdings nur für Händler zugänglich.

Zubehör und Abänderungen

Gemäss Artikel 36 Absatz 3 der Verordnung über Bau und Ausrüstung der Strassenfahrzeuge (BAV) muss in jedem Auto ein *Pannensignal* (gleichseitiges Dreieck mit mindestens 45 Zentimetern Seitenlänge, rotes Reflexmaterial, «genügend standfest») mitgeführt werden. Darüberhinaus ist nichts, nicht einmal ein *Reserverad*, vorgeschrieben, das jedoch bereits vom Hersteller mitgeliefert und zweifellos wärmstens zu empfehlen ist. Anzuraten ist darüber hinaus folgendes Zubehör:

- Werkzeuge für das Beheben von Pannen (Wagenheber, Radschlüssel, Zangen, Kerzenschlüssel usw.)
- ein Satz Ersatz-Glühbirnen
- eine Erste-Hilfe-Apotheke
- Abschleppseil
- Überbrückungs- oder Starterkabel (vier Meter); wichtig für Autos mit Automat, da sich diese nicht anschieben lassen
- ein Paar Arbeitshandschuhe
- Putzfäden/Reinigungstüchlein
- eine Taschenlampe mit geladenen Batterien
- Regenschutz
- eine Parkscheibe
- Stadtpläne oder Landkarten der Gebiete, in denen man normalerweise fährt
- eine Wolldecke
- ein oder mehrere Gummiriemen mit Haken zum Sichern der Ladung oder Niederhalten des Kofferraumdeckels.

Autos, die in der Schweiz zum Verkauf gelangen, sind abgesehen von ganz wenigen Ausnahmen auf Grund einer sogenannten *Typenprüfung* zum Verkehr zugelassen. Das bedeutet, dass ein Fahrzeug des fraglichen Typs stellvertretend für alle anderen der selben Produktion amtlich geprüft worden ist. Wer Änderungen am Auto vornehmen will, muss es deshalb unter Umständen wieder vorführen und auf seine Verkehrstauglichkeit überprüfen lassen. Die Vorschriften und ihre Anwendung sind mitunter sehr strikt und teilweise unverständlich. Vor allem die oft umfangreichen Komfort- und Sicherheitseinrichtungen zahlreicher amerikanischer Fahrzeuge, aber auch Alarmanlagen stossen bei verschiedenen schweizerischen Strassenverkehrsämtern auf Widerstand. Dies ändert indes nichts an der Verbindlichkeit der Vorschriften. Wer sie umgeht und in eine Kontrolle gerät, riskiert, das Auto in vorschriftskonformen Zustand bringen und nochmals vorführen zu müssen.

Ebenfalls vorgeführt werden müssen sogenannt getunte Fahrzeuge. Der Ausdruck «Tuning» bezieht sich auf Änderungen, die das Fahrverhalten beeinflussen (gemeint: verbessern). Tiefergelegte und mit allen möglichen Spoilern und Zusatzspielereien in Richtung Rennwagen gestylte Autos mit hochgezüchteten Motoren und Breitreifen liegen allerdings im Zeitalter des Umweltschutzes reichlich exotisch in der Landschaft. Wer sich trotzdem damit unbedingt einen Traum erfüllen will, findet spezialisierte Garagen im Branchen-Telefonverzeichnis.

Nicht verlangt wird das Vorführen für standardisiertes Zubehör wie Schiebe- und Sonnendächer, spezielle Sitze, Felgen, Reifen, Dachträger und -boxen usw. Lassen Sie sich in der Garage und im Hobby-Geschäft über die diversen Möglichkeiten, Preise und Qualitäten beraten; die Unterschiede können zum Teil erheblich sein. Bei der Verwendung solcher Ergänzungen zum Auto bestehen kaum rechtliche Einschränkungen (Ausnahme: Gewichtslimiten für Dachlasten).

Aus Umweltschutzgründen ist allerdings darauf hinzuweisen, dass alle Aufbauten wie Dachträger für Velos, Surfbretter oder Skis sowie Dachboxen den Luftwiderstand und damit den Benzinverbrauch erhöhen. Sie sind deshalb nur dann zu montieren, wenn sie wirklich gebraucht werden. Und vor Niederquerschnitt- oder Breitreifen ist aus Gründen des Umweltschutzes (höherer Rollwiderstand verursacht höheren Treibstoffverbrauch) und der Sicherheit (zwar bessere Bodenhaftung bei trockenen Verhältnissen, aber erhöhte Aquaplaning-Gefahr auf nasser Fahrbahn) zu warnen.

Wer soll das bezahlen?

Egal ob Neuwagen oder Occasion: Nach dem Entscheid für ein bestimmtes Auto kommt als nächstes die Frage, wie Sie die beabsichtigte Erwerbung finanzieren wollen. Es gibt vier Varianten: Barzahlung, Bezahlung mit einem Bankkredit, Abzahlung und Leasing. Es lohnt sich, die verschiedenen Finanzierungsweisen genau zu vergleichen und alle Möglichkeiten auszuschöpfen. Die auf aggressiven Plakaten und in grosssprecherischen Inseraten angepriesenen Finanzierungshilfen sind kaum die preisgünstigsten.

Barzahlung

Sie fahren eindeutig und mit Abstand am besten, wenn Sie das gewünschte Auto bar bezahlen können: Während Sie sich das nötige Geld auf der Bank ersparten, erhielten Sie Zinsen, und beim Kauf kommt Ihnen der Garagist mit Rabatten entgegen. Nachlasse für Barzahler gegenüber den Listenpreisen in der Grössenordnung von fünf bis zehn Prozent (und gelegentlich sogar ein wenig mehr) sind heute gang und gäbe. Statt eines Rabattes können Sie mit dem Garagisten auch – sofern für das gewünschte Auto erhältlich – Extras wie ABS, Servolenkung, Schiebedach, Winterpneus usw. aushandeln. Die Vergünstigung wird allerdings im Rahmen der fünf bis zehn Prozente bleiben.

Kauf auf Kredit

Als Finanzierungs- oder Starthilfe ist das Salärkonto in der Regel nicht geeignet. Zwar erlauben Ihnen die meisten Banken, das Konto bis zur Höhe des monatlichen Einkommens zu überziehen; der Ausgleich hat jedoch im Lauf des Monats zu erfolgen. Für den überzogenen Geldbetrag werden Zinsen in der Grössenordnung von zehn Prozent verrechnet.

Wer den Auto-Kaufpreis nicht mit Erspartem berappen kann oder will und trotzdem beim Autohändler als Barzahler mit den entsprechenden Rabattvorteilen auftreten möchte, kann die Aufnahme eines Kredits erwägen. Ein weiterer Vorteil besteht darin, dass Schuldzinsen und Kreditschuld in der Steuererklärung bei Einkommen und Vermögen abgezogen werden dürfen. Wer über eine feste Arbeitsstelle, ein regelmässiges Einkommen und ein ziemlich reines Betreibungsregister verfügt, darf damit rechnen, den erforderlichen Kredit zu erhalten. Konsumkredite sind gesetzlich nicht geregelt, so dass die Höhe der Amortisationsrate und die Dauer des Vertrags den individuellen Verhältnissen besser angepasst werden können. Dabei gilt der Grundsatz, je niedriger die Monatsrate, um so länger die Vertragsdauer und um so höher die gesamte Zinslast.

Rechnen Sie selbst: Wenn Roland P. sein neues Auto für 25 000 Franken mit einem Bankkredit zu einem Jahreszins von 16 Prozent kauft, muss er während fünf Jahren dem Kreditgeber monatlich 580 Franken überweisen. Am Ende der fünf Jahre gehört ihm das Auto, das ihn bis dann 34 800 Franken gekostet haben wird. Die Differenz von fast 10 000 Franken entspricht satten 40 Prozent.

Privat- oder Konsumkreditinstitute (meist Tochtergesellschaften der Grossbanken) preisen sich auf Plakaten und in Inseraten in den höchsten Tönen an – langen bei den Kreditzinsen aber auch am ungeniertesten zu: Bis in die Nähe der «Schallgrenze» von 18 Prozent Jahreszins (höhere Zinsbelastungen gelten als verbotener Wucher) gehen die Kosten für solches Geld. Etwas günstiger (ca. 12 bis 14 Prozent) sind die Migros Bank und die Genossenschaftliche Zentralbank (gehört zur Coop-Gruppe). Auch bei den Kantonalbanken und zum Teil bei den Grossbanken direkt sind günstigere Kredite (ab etwa acht Prozent) erhältlich, allerdings nicht mit dem simplen Einsenden eines Coupons. Für günstigeres Geld wollen diese Institute Sicherheiten (Wertschriften usw.) sehen und erlauben sich vielleicht eine Bemerkung über die Notwendigkeit der Auto-Anschaffung. Dies gilt auch für verschiedene Gewerkschaften, die ihren Mitgliedern gelegentlich noch preiswerter Geld ausleihen, bei der Verwendung für unnötigen Luxus aber geringes Musikgehör entwickeln.

Tips:

● Klären Sie alle Finanzierungsmöglichkeiten sowie deren Kosten und Rückzahlungsmodalitäten genau ab.

● Unter Umständen sind auch ein Familienmitglied oder der Arbeitgeber bereit, in die Finanzierungslücke zu springen (schriftlichen Vertrag aufsetzen).

● Wägen Sie eine möglichst kurze Amortisationsfrist, jedenfalls innerhalb der zu erwartenden Lebensdauer des Autos, gegenüber den verkraftbaren Monatskosten (Zinsen plus Rückzahlung) ab.

Abzahlung

Es gibt auch die gesetzlich genormte Möglichkeit, ein Auto auf Abzahlung zu erwerben. Im wesentlichen schreibt das Abzahlungsgesetz eine *Bedenkfrist* von fünf Tagen nach Unterzeichnung vor, innert der man ohne Kostenfolge vom Kaufvertrag zurücktreten kann. Zudem müssen 30 Prozent der Kaufsumme *angezahlt* werden. Und schliesslich ist die *Vertragsdauer* auf höchstens zwei Jahre beschränkt.

Wegen dieser gesetzlichen Schranken ist der Kauf auf Abzahlung bei Autohändlern (Bedenkfrist) und Kunden (Anzahlung und höhere Monatsraten) gleichermassen unbeliebt. Die meist gewählte Umgehungsroute (neben dem anschliessend behandelten Leasing) sind Verträge, die auf Barzahlung lauten, wobei der Verkäufer den Kredit über ein Finanzierungsinstitut gleich selbst organisiert. Unter Umständen kassiert er dabei eine zusätzliche Vermittlungsprovision. Wenn Verkäufer und Kreditgeber eng zusammenwirken, spricht man von einem Koppelgeschäft, das ungesetzlich ist, wenn es den Kriterien des Abzahlungsgesetzes nicht entspricht (Obligationenrecht Artikel 226m Absatz 1). Ein wichtiges Indiz für das enge Zusammenwirken von Händler und Bank ist beispielsweise der Umstand, dass die Kaufsumme dem Garagisten gleich direkt überwiesen wird und gar nicht durch die Hände des Käufers geht.

Wer einen ungesetzlichen Kaufvertrag auflösen möchte, muss allerdings fast immer mit einem Kampf vor Gericht rechnen. Der Beobachter-Beratungsdienst wird regelmässig mit derartigen Verträgen konfrontiert. Dabei hat das Beratungs-Team die Erfahrung gemacht, dass korrekt formulierte Abzahlungsverträge selten sind. Immerhin hat der Kauf auf Abzahlung den Vorteil, dass man nach Ablauf der vereinbarten Frist – allerdings erst dann! – Besitzer des Fahrzeugs ist.

Tips:

- Abzahlungsverträge sind dank gesetzlichen Minimalvorschriften zugunsten des Käufers besser als ihr Ruf. Prüfen Sie darum auch diese Möglichkeit eingehend.
- Zeigt sich der Garagist gegenüber Ihrer Bitte um einen Abzahlungsvertrag ungnädig, dürfen Sie davon ausgehen, dass er an anderen Finanzierungsformen mehr verdient.
- Sollte sich der Abschluss eines Abzahlungsvertrags für Ihre finanziellen Verhältnisse als unmöglich erweisen, könnte dies ein Indiz dafür sein, dass Sie sich allenfalls den Kauf eines günstigeren Autos überlegen müssen.

Leasing

In den jüngsten Jahren hat das Auto-Leasing als Mittelding zwischen Miete und Kauf auf Abzahlung einen wahren Boom erlebt – die entsprechenden Probleme haben mangels gesetzlicher Regelung allerdings ebenfalls erschreckende Ausmasse angenommen. Leasing ist eigentlich eine Miete für längere Zeit. Der geleaste Gegenstand bleibt Eigentum der Leasinggeberin. Vor allem Industriegüter bis hin zu ganzen Fabriken oder Lastwagenflotten werden seit langem geleast, wobei in der Leasinggebühr zumeist alle Kosten für Versicherung, Unterhalt und Reparaturen inbegriffen sind. Vorteil für den Leasingnehmer: Sein Firmenkapital steht für andere Investitionen zur Verfügung, und die Kosten für die geleasten Güter sind auf den Rappen genau kalkulierbar. Zudem sind die Kosten als Betriebsaufwand voll steuerabzugsberechtigt.

Solche Vorteile zählen indes für den Privaten als Leasingnehmer wenig oder fallen sogar weg. Während er Schuldzinsen aus Kleinkrediten in der Steuererklärung abziehen kann, gilt dies – entgegen den Behauptungen vieler Autohändler – für Leasingraten nicht. Zudem schliesst die monatliche Leasingrate mit Privaten nur Finanzierung und Amortisation ein.

Für Service und Reparaturen muss der Leasingnehmer selbst aufkommen, und zwar bei einer teuren Markenvertretung. Zudem muss er eine Vollkaskoversicherung abschliessen – unsinnigerweise oft für die ganze Leasingdauer. Beim Ablauf des Vertrags geht das Auto zurück an die Leasinggesellschaft, die meist wiederum mit dem Händler eine Rücknahmevereinbarung getroffen hat. Erkennt dieser auf ungenügenden Unterhalt und/oder auf notwendige Reparaturen, muss abermals der Leasingnehmer dafür geradestehen.

Um Leasing als möglichst attraktive Finanzierungsvariante mit günstigen Monatsraten darzustellen, laufen die meisten Verträge über drei, vier und sogar fünf Jahre. Kann ein solcher Vertrag nicht vorzeitig gekündigt werden, wird dies nach mehrheitlicher Gerichtspraxis als ungültiges Abzahlungsgeschäft gewertet. Um diese Klippe zu umschiffen, wird heute in den meisten Leasingverträgen eine Kündigungsmöglichkeit mit ein bis drei Monaten Frist eingeräumt – über die Kosten der vorzeitigen Vertragsauflösung sagt dies allerdings noch nichts aus.

Und genau da liegt der Hase im Pfeffer. Die Nachforderungen der Leasinggesellschaften sind in solchen Fällen zumeist derart happig, dass das Kündigungsrecht praktisch illusorisch wird. Verschiedene Gerichte haben deshalb auch Leasingverträge mit Kündigungsmöglichkeit schon als ungültige Abzahlungsverkäufe beurteilt. Die Gerichtspraxis differiert mangels eidgenössischer Gesetzgebung allerdings von Kanton zu Kanton – zum Nachteil der Konsumenten.

Um die exorbitant wirkenden Nachforderungen zu verstehen, muss man sich in die Logik der Leasingverträge hineindenken. Zur Berechnung der Monatsrate wird nämlich die Wertminderung des Autos ziemlich gleichmässig auf die ganze Vertragsdauer von mehreren Jahren verteilt. Dies obwohl der Wert gemäss Eurotax-Marktbericht im ersten Jahr am stärksten (je nach Marke und Modell um 25 bis 40 Prozent) sinkt. Wird also eine vorzeitige Vertragsauflösung verlangt, rechnet die Leasinggesellschaft aus, wieviel die Monatsrate bei einer entsprechend kürzeren Vertragsdauer betragen hätte und stellt die Differenz samt allfälligen sogenannten Instandstellungsarbeiten in Rechnung.

Selbst wenn sich vor Gericht ein Leasingvertrag als ungültig erweisen sollte, wird die entsprechende Forderung des Leasinggebers zumindest teilweise gerichtlich geschützt und der Leasingnehmer zur Kasse gebeten. Begründung des Bundesgerichts in einem derartigen Fall: Dem Leasingnehmer sei ja das Fahrzeug während der Vertragsdauer zur Verfügung gestanden.

Der Verband der Schweizerischen Autoleasing-Gesellschaften empfiehlt folgende Kalkulation für die vorzeitige Auflösung von Leasing-Verträgen:

Fahrzeugpreis inkl. Zubehör, wie er bei Vertragsbeginn der Kalkulation zugrunde lag

– Verkehrswert des Fahrzeugs gemäss Eurotax blau im Zeitpunkt der Vertragsbeendigung

+ Zins auf dem mittleren zur Verfügung gestellten Kapital (Hälfte des Kaufpreises) für die Zeit vom Vertragsbeginn bis zum vorzeitigen Vertragsende (Für den Zins wird der Ansatz der dreijährigen Kassenobligationen der Zürcher Kantonalbank plus sechs Prozent genommen, was etwa 12 bis 13 Prozent ergibt.)

+ ausserordentliche Abnützungs- und Karosserieschäden, die nicht durch die Kaskoversicherung gedeckt sind
− bezahlte Leasingraten (exkl. Versicherungsprämien)
− bezahlte Kaution
= Forderung der Leasinggesellschaft

Tips:

● Auch bei Leasingverträgen lohnt sich der detaillierte Preis-Leistungs-Vergleich mit verschiedenen Gesellschaften. Das billigste Angebot ist nicht unbedingt das günstigste.

● Akzeptieren Sie keinen Vertrag ohne vorzeitige Kündigungsmöglichkeit.

● Unterschreiben Sie keinen Vertrag mit Lohnzession. (Lohnabtretungen sind seit dem 1. Juli 1991 ohnehin nur noch für familienrechtliche Unterhaltsverpflichtungen zulässig − und darunter fällt ein Autokauf wohl kaum.)

● Verlangen Sie eine Verzinsung der Kaution.

● Konsultieren Sie bei Unklarheiten die Rechtsberatung eines Verkehrsverbandes.

● Wenn Sie einen Leasingvertrag vorzeitig auflösen wollen, empfiehlt es sich, den Wert des Fahrzeuges und den Preis für allfällige Instandstellungsarbeiten auf eigene Kosten von einem unabhängigen Experten schätzen zu lassen, um die Forderungen der Leasinggesellschaft auf ihre Richtigkeit beurteilen zu können.

● Falls Sie die geringen Umtriebe nicht scheuen, wird es sich lohnen, das Auto der Leasinggesellschaft abzukaufen und auf eigene Faust zu verkaufen. Sie vermeiden extreme Instandstellungsforderungen und müssen als privater Verkäufer die Warenumsatzsteuer nicht bezahlen. Wenn Sie bereits einen Käufer für den Wagen haben, kann sich dieser möglicherweise an der Finanzierung beteiligen.

● Falls Sie aus dem Leasingvertrag für eine Occasion aussteigen wollen, darf keine speziell auf Neuwagen zugeschnittene Zins- und Amortisationstabelle zur Anwendung gelangen, da im ersten Jahr die grössten Abschreiber gelten.

Vom Käufer zum Verkäufer

Es können verschiedene Gründe sein, weshalb Sie vom Käufer eines Autos zum Verkäufer werden:

● Vielleicht geben Sie das Autofahren, zumindest für den Moment, ganz auf.

● Vielleicht haben sich Ihre persönlichen Verhältnisse geändert und Sie benötigen ein anders geartetes Fahrzeug.

● Oder vielleicht wollen Sie ein neueres Fahrzeug gleicher Art.

Den unterschiedlichen Beweggründen entsprechend ist auch Ihr Vorgehen nicht in jedem Fall dasselbe. Immer aber sind die Eurotax-Marktberichte Dreh- und Angelpunkt für die Bestimmung des Verkaufspreises. Dabei gilt analog zum Kauf einer Occasion, dass Sie mit einem gut gewarteten Fahrzeug mit vielen Extras einen höheren Verkaufserlös erzielen als mit einem mangelhaft unterhaltenen Vehikel. Haben Sie ein Auto abzugeben, das im «Büchlein» nicht mehr aufgeführt ist, lässt sich der Preis einigermassen extrapolieren; viel erwarten dürfen Sie allerdings nicht mehr. Jedenfalls aber ist der schliesslich erzielte Verkaufspreis ein Ergebnis von Angebot und Nachfrage. So gehen Sie vor:

Der ersatzlose Verkauf

Wenn Sie im Moment des Verkaufs kein anderes Auto erwerben wollen und noch keinen Käufer für das Fahrzeug haben, sprechen Sie als erstes mit Ihrem *Garagisten,* ob und zu welchen Bedingungen er am Kauf interessiert sei. Da er Sie und Ihr Auto kennt, wird er Ihnen einen realistischen Preis vorschlagen (aktueller Wert minus Instandstellungs- und Vorführkosten minus Wust).

Schlagen Sie die Offerte des Garagisten nicht rundweg aus, akzeptieren Sie sie aber auch nicht unbesehen. Bedenken Sie, dass der Garagist an Kauf und Weiterverkauf etwas verdienen muss und dass er diesen Handel zu versteuern hat (vor allem Wust). Überdies trägt er das Risiko, auf dem Wagen sitzenzubleiben.

Sehr oft einigen sich Garagist und Verkäufer auf ein Vorgehen, bei dem im wesentlichen die Wust umgangen wird und das deshalb illegal ist: Der Verkäufer lässt das zu verkaufende Auto beim Garagisten, der die Probefahrten übernimmt. Der Verkäufer tritt erst direkt als solcher auf, wenn ein Interessent gefunden ist. Dafür erhält der Garagist entweder einen festen Betrag oder eine Summe in Prozenten des Verkaufserlöses (je nach Verkaufspreis etwa 10 bis 15 Prozent). Dass dieses Vorgehen nicht selten angewendet wird, ändert nichts daran, dass es gesetzwidrig ist; wer sich dabei ertappen lässt, muss mit Nach- und Strafsteuern sowie Busse rechnen.

Ihr Auto können Sie selbstverständlich auch im *Fahrzeugmarkt* einer Zeitung und/oder in der entsprechenden Rubrik eines Lokalradios ausschreiben. Dem finanziellen Vorteil steht das Risiko gegenüber, das Fahrzeug allenfalls mehrmals für Probefahrten zur Verfügung stellen und möglicherweise wiederholt annoncieren zu müssen.

Verkauf «ab Platz»

Ausgelöst durch die Aufforderung des kantonalen Strassenverkehrsamts, das Auto zur Nachkontrolle vorzuführen, allenfalls auch nach einem schweren Unfall- oder Pannenschaden, kann sich die Frage stellen, ob es sich noch lohnt, das Fahrzeug wieder verkehrstüchtig zu machen. Besprechen Sie das Thema mit einer Fachperson Ihres Vertrauens, in der Regel mit Ihrem Garagisten. Sollten Sie zum Entscheid kommen, den Wagen nicht mehr instand stellen zu lassen, haben Sie die Alternative Abbruch oder Verkauf «ab Platz». Je nach Konjunkturlage für Abbruchautos erhalten Sie von Schrotthändlern noch 50 bis 100 Franken oder müssen einen ähnlichen Betrag für den Abtransport bezahlen. Etwas mehr, meist einige hundert Franken, können Sie vor allem dann lösen, wenn einzelne Teile (Motor, Getriebe usw.) relativ neu und unbeschädigt sind. Bei gesuchten Sammlerobjekten können solche Teile sogar noch mehr wert sein. Wenn sich der Zeit- und Geldaufwand zu lohnen verspricht, schreiben Sie das Vehikel oder seine intakten Stücke in einem Kleininserat zum Verkauf «ab Platz» oder «für Sammler» aus. Dem Interessenten ist bei diesen Bemerkungen klar, dass es um ein nicht vorgeführtes Fahrzeug geht.

Geben Sie sich nicht der trügerischen Hoffnung hin, ein Verkauf in den Balkan, nach Nordafrika oder Osteuropa bringe einen grossen finanziellen Vorteil. Die dortigen Händler und Käufer sind über die Preisverhältnisse in der Schweiz ausgezeichnet informiert und lassen sich nicht übers Ohr hauen.

Deponieren Sie in jedem Fall die Nummernschilder beim Strassenverkehrsamt, wenn Sie das Auto definitiv aus dem Verkehr ziehen. Diese Amtsstelle wird die Versicherung darüber informieren, ab welchem Zeitpunkt die Nummer zurückgegeben wurde. Die Pflicht zum Bezahlen von Strassenverkehrssteuern und Versicherungsprämien erlischt erst ab diesem Zeitpunkt; zuviel bezahlte Beiträge erhalten Sie zurück. Wenn Sie das Auto weiterverkauft haben, übergeben Sie dem neuen Besitzer den vom Strassenverkehrsamt anullierten Fahrzeugausweis; damit kann er wieder eine neue Nummer lösen.

Eintausch

Falls Sie Ihr Auto zugunsten eines anderen verkaufen beziehungsweise eintauschen wollen, erhalten Sie den besten Preis dort, wo Sie das neue Fahrzeug kaufen. Zwar wird der Händler oder Garagist auch in diesem Fall den Ankaufspreis auf der Basis der Eurotax-

Angaben berechnen, da er aber am Verkauf des neuen Fahrzeuges auch etwas verdient, kann er knapper kalkulieren. Betreffend Wust hat der Garagist zwei Möglichkeiten: Entweder versteuert er den Kauf des Altwagens und den Verkauf des neuen Autos zum Ansatz von 6,2 Prozent, oder er nimmt Ihr altes Auto ohne Wust zurück, muss dann aber beim neuen acht Prozent verwusten. Je nach Kauf- und Verkaufssummen kann die eine oder andere Rechnungsweise vorteilhafter sein.

Tips:

- Die kleine Test-Rundfahrt bei verschiedenen Garagen zu Beginn dieses Kapitels (Seite 40) hat's gezeigt: Will man kein neues Auto kaufen, erhält man offenbar im Durchschnitt bei einem spezialisierten, seriösen Occasionshändler genau gleich viel wie in einer Markengarage.

- Auch gilt die Faustregel, wonach man um so bessere Eintausch-preise für den «Alten» angeboten erhält, je teurer der Neu-wagen ist.

- Ein guter Pflegezustand des Autos macht sich beim Verkauf bezahlt, und auch auf die Person des Verkäufers wird – gewollt oder unbewusst – geachtet: Wer signalisiert, dass er dringend auf Geld angewiesen ist, wird kaum die selbe Offerte erhalten wie jemand, der durchblicken lässt, er interessiere sich ernsthaft für jene teure Karosse dort hinten...

- Wer ein älteres Auto, womöglich noch ohne Katalysator, ver-kaufen will, findet dafür in der umweltbewussten Schweiz kaum mehr einen Abnehmer (es sei denn, es handle sich um ein Sammlerstück). Gebrauchtfahrzeughändler, die sich auf den Export nach Osteuropa und Afrika spezialisiert haben, können in diesem Fall die richtige Adresse sein.

4. Kapitel

Vom Umgang mit Versicherungen

Der schwere Unfall und seine Folgen

Der nachstehend geschilderte Fall hat sich tatsächlich zugetragen und macht vor allem deutlich, welche finanziellen Folgen ein grobfahrlässig verursachter Unfall (Alkohol am Steuer) haben kann. Über die erlittenen Schmerzen, die dauernde Invalidität und die menschliche Tragödie des getöteten Familienvaters sagen die Versicherungsunterlagen nichts aus...

Nach einer durchzechten Nacht fuhr A. gegen sechs Uhr früh nach Hause, trotz dichten Nebels (Sichtweite 50 Meter) mit einer Geschwindigkeit von rund 80 Stundenkilometern. In einer scharfen, unübersichtlichen Linkskurve geriet er auf die linke Fahrbahn und kollidierte mit einem korrekt entgegenkommenden Auto. Am Steuer sass B., Familienvater mit zwei vorschulpflichtigen Kindern, der auf der Unfallstelle starb. Bei A. wurde ein Alkoholgehalt von 2,1 Promillen im Blut gemessen, was einem mittelschweren bis schweren Rausch entspricht. Er erlitt eine Reihe von schweren und komplizierten Brüchen, so dass er ein Jahr lang nicht arbeitsfähig war. Trotz Rehabilitierungsmassnahmen verblieb eine 30prozentige Invalidität.

> **«Nach einer durchzechten Nacht fuhr A. nach Hause – mit 2,1 Promille im Blut und bei dichtem Nebel.»**

Der Anwalt der Erben von B. präsentierte der Haftpflichtversicherung von A. folgende Rechnung:

– Sachschaden (Fahrzeug, Kleider, Gepäck usw.)	Fr.	30 000
– Todesfallkosten	Fr.	20 000
– Versorgungsausfall	Fr.	700 000
– Genugtuungsansprüche	Fr.	50 000
– Anwaltskosten	Fr.	20 000
Total Forderungen	**Fr.**	**820 000**

Da die Forderungen ausgewiesen waren und A. allein am Unfall schuld war, musste die Haftpflichtversicherung für diese Kosten vollumfänglich aufkommen. Gestützt auf die Regressklausel in der Versicherungspolice forderte sie von A. 50 000 Franken zurück, die dieser angesichts seiner knappen finanziellen Verhältnisse in Raten abzahlen konnte.

Damit war aber erst ein Teil des finanziellen Aspekts erledigt. Auch die Invalidenversicherung und die obligatorische Unfallversicherung von A. kürzten ihre Leistungen, weil er den Unfall grobfahrlässig verursacht hatte, und zwar um 30 Prozent. An die Heilungskosten von 54 750 Franken bezahlte die Unfallversicherung lediglich 38 325 Franken, die IV-Rente wurde von 15 600 auf 10 320 Franken gekürzt, und unter dem Titel Integritätsentschädigung erlitt A. eine Einbusse von 7290 auf 17 010 Franken. Und schliesslich griff auch die Kaskoversicherung zum Rotstift: Für sein Auto, das vor dem Unfall 36 000 Franken wert gewesen war, erhielt A. nur 21 920 Franken.

> «Was A. blieb, war ein verpfuschtes Leben. Und das alles wegen einer feuchtfröhlichen Party...»

Was blieb für A., war ein verpfuschtes Leben: Der Gedanke, einer Frau ihren Mann und zwei kleinen Kindern ihren Vater umgebracht zu haben, belastet ihn schwer. Zur eigenen Teilinvalidität kommen reduzierte Rentenansprüche und Kosten von fast 100 000 Franken hinzu, ganz abgesehen von der rechtlichen Seite (Gerichtsfall, Busse, Fahrausweisentzug usw.). Und das alles wegen einer feuchtfröhlichen Party...

Versicherungen, so weit das Auge reicht

Im Zusammenhang mit Motorfahrzeugen gibt es im wesentlichen vier Versicherungen:

- Die *Haftpflichtversicherung* (obligatorisch) deckt Ansprüche, die gestützt auf die gesetzlichen Haftpflichtbestimmungen gegen den Halter des Fahrzeugs geltend gemacht werden (Verletzung oder Tötung von Personen sowie Beschädigung oder Zerstörung von Sachen, die Dritten gehören).

- Die *Kaskoversicherungen* sind für Schäden am eigenen Auto (abzüglich allfälliger Selbstbehalte) bestimmt. Diese Versicherung ist freiwillig. Die Teilkasko deckt Schäden wie Diebstahl, Feuer, Elementarschäden (in der Regel Felssturz, Steinschlag, Erdrutsch, Lawine, Schneedruck, Sturm, Hagel, Hochwasser und Überschwemmung), Glas- und Tierschäden sowie Schäden, die durch mutwillige oder böswillige Handlungen Dritter (typisches Beispiel: abgeknickte Antenne) verursacht worden sind. Die Vollkasko übernimmt darüber hinaus Kollisionsschäden, die vom Fahrzeughalter selbst verschuldet sind. Ausdrücklich nicht gedeckt sind bei beiden Versicherungen Betriebs-, Bruch- und Abnützungsschäden, Schäden bei gesetzwidrigem Gebrauch des Autos, bei Kriegen oder Krawallen sowie Parkschäden.

- Die ebenfalls freiwillige *Insassenversicherung* überschneidet sich zum Teil mit der Haftpflichtversicherung, mit Krankenkassen (Unfall) oder eigentlichen Unfallversicherungen und wird deshalb oft als überflüssig betrachtet. Sie kann aber für spezielle Situationen von Nutzen sein.

- Die *Rechtsschutzversicherung* gewährt Versicherungsschutz gegen die Belastung des Versicherten mit notwendigen Rechtskosten wie Gerichts- und Verfahrenskosten sowie Ausgaben für Anwälte und Experten. Sie wahrt auch die Interessen des Versicherten gegenüber Dritten.

Hinzu kommen weitere Schadenmöglichkeiten im Zusammenhang mit Autos, beispielsweise Pannen, Parkschäden oder Verlust von Wertsachen. Diese sind in der Regel anderweitig versicherbar oder in der Mitgliedschaft bei einem Verkehrsverband eingeschlossen. Sie werden deshalb hier nicht behandelt.

Wenn die Versicherung Regress nimmt

Praktisch sämtliche Versicherungspolicen enthalten Bestimmungen, wonach sich die Gesellschaften vorbehalten, auf den Versicherten zurückzugreifen und einen Teil der Kosten von ihm zurückzufordern, wenn dieser grobfahrlässig einen Unfall verursacht. Dieser sogenannte Regress kommt dann zum Zug, wenn ein Lenker «ein rücksichtsloses oder sonst schwer regelwidriges Verhalten» gezeigt hat, wie das Bundesgericht den Grobfahrlässigkeits-Begriff definiert hat. Konkret sind dies namentlich folgende Verstösse:

- Fahren in angetrunkenem Zustand
- Überfahren von Sicherheitslinien und Stoppstrassen
- Fahren mit erheblich übersetzter Geschwindigkeit
- Fahren ohne gültigen Fahrausweis
- Fahren ohne Haftpflichtversicherung
- Benützung eines Autos zu kriminellen Zwecken.

Diese Aufzählung ist nicht vollständig. Der Regress beträgt im allgemeinen zwischen 10 und 30 Prozent, kann aber in ganz gravierenden Fällen bis 50 Prozent gehen. Zudem muss ein rücksichtsloser Autofahrer, der bei einem Unfall verletzt wird, damit rechnen, dass auch seine Unfallversicherung Leistungs-Abstriche macht. Durch einen grobfahrlässig verursachten Unfall mit bleibendem körperlichem Schaden kann man sich so fürs ganze Leben körperlich und finanziell ruinieren. Nicht unumstritten ist eine Versicherung, die die «Regressnahme bei grobfahrlässigem Verschulden» gegen eine Zusatzprämie von 50 Franken versichert – jedoch nicht bei Fahren in angetrunkenem Zustand, dem häufigsten Grund für Regressnahme.

Die Motorfahrzeug-Haftpflichtversicherung

Die obligatorische Motorfahrzeug-Haftpflichtversicherung basiert auf Artikel 58 des Schweizerischen Strassenverkehrsgesetzes (SVG), der folgenden Wortlaut hat: «Wird durch den Betrieb eines Motorfahrzeuges ein Mensch getötet oder verletzt oder Sachschaden verursacht, so haftet der Halter für den Schaden.» Weiter bestimmt Artikel 63 SVG, dass kein Motorfahrzeug in den Verkehr gebracht werden darf, «bevor eine Haftpflichtversicherung abgeschlossen ist». Rund 30 Versicherungsgesellschaften betreiben die obligatorische, genauen gesetzlichen Vorschriften unterstellte Haftpflichtversicherung für Motorfahrzeuge. 24 davon sind in der Schweizerischen Vereinigung der Haftpflicht- und Motorfahrzeug-Versicherer (HMV) zusammengeschlossen.

Die HMV erstellt im Auftrag des Bundes alljährlich eine Statistik über die Haftpflichtversicherung, die rund 99 Prozent aller Motorfahrzeuge erfasst. Diese als Gemeinschafts-Statistik bezeichnete Zusammenstellung erfasste 1990 ingesamt 3 404 898 sogenannte Jahresrisiken. Unter diesem Fachausdruck verstehen Versicherungsrechtler Fahrzeuge, die ein ganzes Jahr eingelöst waren.

Ein Auto, das, aus welchen Gründen auch immer, nur ein halbes Jahr in Betrieb war (Neuzulassung, Winterpause usw.), zählt als halbes Jahresrisiko. Die Zahl der Personenwagen-Jahresrisiken betrug 1990 total 2 696 589 (die Differenz betrifft Lastwagen, Motorräder, landwirtschaftliche und alle möglichen anderen Fahrzeuge).

So funktioniert das System

Rückgrat des Versicherungssystems sind die *Einheitsprämien* und die *Prämienstufen* (Bonus/Malus), die unfallfreies Fahren belohnen, Unfälle aber mit steigenden Prämien quittieren. Jeder neue Halter eines Autos beginnt seine Versicherung im Prinzip auf der Prämienstufe 9 (100 Prozent der Grundprämie) – es sei denn, er könne beispielsweise das Fahrzeug seiner Eltern übernehmen und nachweisen, dass er es schon bisher häufig gelenkt habe. In einem solchen Fall reduziert sich seine Anfangsstufe für jedes Jahr, in dem er den Fahrausweis besass und das betreffende Auto lenkte um einen Punkt, höchstens aber bis zur Stufe, auf der die Versicherungspolice seiner Eltern eingereiht war.

Für jedes unfallfreie Jahr reduziert sich in der Folge die Prämie um einen Punkt bis auf die tiefste Stufe 0 (45 Prozent der Grundprämie). Bei einem Schadenfall steigt umgekehrt im folgenden Jahr die Prämie um vier Punkte (bis 1990 drei Punkte). Der «Wert» dieser Punkte beträgt zwischen 5 und 20 Prozent der Grundprämie nach folgender Rückstufungs-Kostentabelle:

Ausgangsstufe	Prämie in Prozenten der Grundprämie	Mehrprämie in Prozenten bis zum Wiedererreichen der Ausgangsstufe
21	270	20
20	250	75
19	230	150
18	215	255
17	200	383
16	185	365
15	170	345
14	155	325
13	140	300
12	130	280
11	120	260
10	110	240
9	**100**	**220**
8	90	200
7	80	175
6	75	155
5	70	140
4	65	125
3	60	110
2	55	95
1	50	75
0	45	50

Wer einen Unfall verursacht hat, kann mittels der Prozentangaben der «Mehrprämie bis zum Wiedererreichen der Ausgangstufe» aus-rechnen, ab welchem Betrag es sich für ihn lohnt, die Versicherung zur Schadensdeckung beizuziehen. Die Prozentzahlen, multipliziert mit der Grundprämie des Autos, ergeben den Betrag der Mehrprä-mie, die in fünf Jahren fällig ist, da es jeweils nach einem Unfall so lange dauert, bis man wieder auf der Ausgangsstufe angelangt ist.

Dazu ein Beispiel: Nehmen wir an, Herr M. sei auf der Stufe 9 (100 Prozent der Grundprämie) und verursache einen Unfall. Wenn er die Kosten dieses Unfalls von der Versicherung übernehmen lässt, wird er im folgenden Jahr auf Stufe 13 versetzt und muss 140 Prozent der Grundprämie bezahlen. Fährt er wieder unfallfrei, kommt er im zweiten Jahr auf Stufe 12 (130 Prozent) und so weiter, bis er fünf Jahre nach dem Unfall wieder auf Stufe 9 angelangt ist. Aber seine Zusatzprämien sind noch höher: Hätte er diesen Unfall nicht verursacht, wäre er stattdessen in dieser Zeit auf Stufe 4 ange-langt und müsste somit nach fünf Jahren nur noch 65 Prozent der Grundprämie bezahlen.

Ist die kumulierte Differenz dieser Prämien grösser als die Schadensumme, so lohnt es sich, den Schaden selbst zu bezahlen. Geht man für Herrn M. von einer gerundeten Grundprämie von 1000 Franken aus, sieht seine Kalkulation wie folgt aus:

Jahr nach dem Unfall	mit Unfall		ohne Unfall	
	Prämienstufe	Prämie	Prämienstufe	Prämie
1.	13 (140 %)	1400.–	8 (90 %)	900.–
2.	12 (130 %)	1300.–	7 (80 %)	800.–
3.	11 (120 %)	1200.–	6 (75 %)	750.–
4.	10 (110 %)	1100.–	5 (70 %)	700.–
5.	9 (100 %)	1000.–	4 (65 %)	650.–
Total in 5 Jahren		6000.–		3800.–
Differenz (Mehrprämie) 2200.–				

Einen Schaden von über 2200 Franken liesse Herr M. in diesem Fall vorteilhafter durch die Versicherung erledigen; bei einer geringeren Schadensumme begleicht er die finanziellen Folgen seiner Unachtsamkeit besser direkt.

Günstiger sieht die Rechnung aus, wenn Herr M. im Zeitpunkt des Unfalls auf Stufe 0 steht. Dann muss er nur die Mehrprämien der fünf Jahre rechnen, da er auf der tiefsten Stufe sowieso keine Prämienreduktion mehr erhalten hätte.

Relativ weniger, aber teurere Unfälle

Insgesamt gilt die Faustregel, dass jedes Jahr knapp zehn Prozent der Verkehrsvehikel einen Unfall verursachen. Im Jahr 1990 verzeichnete die Gemeinschafts-Statistik der Versicherungen insgesamt 304 805 Schadenfälle, etwa 6000 mehr als im Vorjahr, aber immer noch 3000 weniger als im bisherigen unrühmlichen Spitzenjahr 1988 mit 307 758 Schadenereignissen. Die knapp 2,7 Millionen PW verursachten total 241 746 Schadenfälle – ebenfalls mehr als im Vorjahr, aber weniger als 1987 und 1988.

«Erfreulich» an den Unfallzahlen ist einzig der Umstand, dass die Anzahl der Schadenfälle seit 1986 weniger stark zunimmt als die Zahl der Jahresrisiken. Pro 1000 eingelöste Fahrzeuge sind in dieser Zeit die Unfälle von 102 auf 90 zurückgegangen (Details siehe Anhang Seite 215).

Dennoch weisen die Haftpflichtversicherungs-Prämien steigende Tendenz auf, da die Gesamtkosten zunehmen (Zunahme im Jahr 1990 um 6,7 Prozent auf 1,422 Milliarden Franken). Auch auf die einzelnen Unfälle umgerechnet hält die steigende Tendenz an: Von 1989 auf 1990 nahmen die Kosten im Durchschnitt von 4461 auf 4655 Franken zu. Dies hat laut HMV im wesentlichen sechs Gründe:

- Teuerung im Gesundheitswesen
- Teuerung im Autogewerbe
- Schwerere Schadenfälle infolge Zunahme der Fahrzeugdichte und nachlassender Disziplin im Strassenverkehr. Zudem nimmt

mit weiterhin steigendem Wohlstand die Zahl der Autos mit kleinerem Hubraum, geringerem Gewicht und geringerer Kostenfolge bei Unfällen ab, die Zahl der schwereren Autos mit grösseren Motoren aber zu (Details siehe Tabelle im Anhang Seite 216)

- Preis- und Wertsteigerung bei den Motorfahrzeugen
- Starker Anstieg der gerichtlich zugesprochenen Genugtuungs-leistungen
- Kostenintensivere medizinische Langzeit-Behandlungen und Wiedereingliederungs-Massnahmen.

So werden die Prämien berechnet

Ausgehend von diesen Zahlen berät die Eidgenössische Konsulta-tiv-Kommission für die Motorfahrzeug-Haftpflicht-Versicherung (KKMHV) alle Jahre die Prämiengestaltung neu für das kommende Jahr. Zu diesem vom Bundesrat eingesetzten 13köpfigen Gremium gehören fünf unabhängige Experten, vier Vertreter der Strassenver-kehrs-Verbände sowie vier Vertreter der Versicherungsgesellschaf-ten. Die KKMHV prüft die Gemeinschafts-Statistik der Versiche-rungen, befasst sich mit den Prognosen zum Schadenverlauf und den Schadenkosten, prüft die Auswirkungen von Unfallverhütungsmass-nahmen (zum Beispiel Temporeduktionen, Gurten) und begutachtet den Vollzug der Versicherung. Sie unterbreitet dem letztlich ent-scheidenden Bundesamt für Privatversicherungswesen ihre Empfeh-lungen über Systemänderungen, Prämienhöhe, Prämienstufensystem und Selbstbehalte. Fünf Faktoren sind es, welche die Jahresprämien bestimmen:

- Schadenkosten (etwa drei Viertel der Prämien)
- Verwaltungsaufwand der Versicherungsgesellschaften (knapp ein Viertel der Prämien)
- Stand der Tarifausgleichskonti (TAK). Diese für jede Fahr-zeugkategorie (PW, Motorräder, Nutzfahrzeuge) gesondert geführten Konti dienen als Ausgleichsreserven, damit die Prä-

mienentwicklung nicht allzu sprunghaft verläuft. Zur Zeit (Stand 1990) sind die TAK für Motorräder und Nutzfahrzeuge genügend dotiert, dasjenige für PWs ist aber seit 1985 leer. Die TAK werden aus allfälligen Prämienüberschüssen, nicht mehr benötigten Rückstellungen und Zinserträgen gespiesen.

- Höhe der Schwankungs-, Unkosten- und Sicherheits-Rückstellungen (SUS). Dieses aus den Prämien sowie aus den selben Quellen wie die TAK gespiesene Ausgleichsreservoir ist eine Reserve für Katastrophenfälle oder einmalige, nicht voraussehbare grosse Schäden. Auch die Bearbeitungskosten von noch nicht erledigten Schäden werden daraus gedeckt. Die ebenfalls nach Fahrzeug-Kategorien separat verbuchten SUS-Rückstellungen haben zur Zeit einen genügenden Bestand von etwa 20 Prozent der Jahresprämien. Ausnahme: die SUS für PWs, weil diese eine Zeitlang für den Prämienausgleich benutzt worden waren.
- Gewinnanteil der Versicherungsgesellschaften (höchstens drei Prozent).

Das Prämiensystem muss zwei Forderungen genügen, die sich nicht perfekt vereinbaren lassen, so dass ein Mittelweg zu finden war: Es soll gerecht und es soll praktikabel sein. Die gefundene Lösung stützt sich auf folgende Prinzipien:

- Die Personenwagen werden in vier Hubraumstufen eingeteilt, wobei die erste Stufe (bis 803 Kubikzentimeter = 4.09 Steuer-PS) auch für Elektromobile gilt.
- Der Fahrzeughalter kann zwischen der gesetzlichen Mindestversicherungssumme von drei Millionen Franken und einer unbegrenzten Police wählen. Die Prämienunterschiede sind sehr gering, praktisch unerheblich.
- Und schliesslich kann man in begrenztem Rahmen zwischen höheren Prämien kombiniert mit geringeren Selbstbehalten oder niedrigeren Prämien und erhöhten Selbstbehalten wählen. Lenker, die *unter 25 Jahre alt* sind, haben in der Regel einen Selbstbehalt von 1000 Franken zu übernehmen, das heisst, bei

einem Unfall bezahlen sie die ersten 1000 Franken selbst. Gegen einen happigen Prämienzuschlag können sie diesen Selbstbehalt auf die Hälfte reduzieren. Lenker im Alter über 25 Jahren, die den Fahrausweis im Zeitpunkt eines Unfalls erst zwei Jahre besitzen, gelten als *Neulenker* und tragen als Regel einen Selbstbehalt von 500 Franken, den sie ebenfalls gegen eine Mehrprämie wegbedingen können. Alle übrigen Lenker haben schliesslich die Möglichkeit, einen gegenüber der Regel um 500 Franken erhöhten Selbstbehalt mit einer um etwa acht Prozent niedrigeren Prämie zu wählen.

Überlagert wird dieses generelle System schliesslich durch das Prinzip der individuellen Prämienstufen (Bonus/Malus), mit denen dem Fahrverhalten des einzelnen Rechnung getragen wird. Die Grundprämien-Ansätze ab 1992 (Stufe 9, 100 Prozent) lauten:

Autos mit höchstens neun Sitzplätzen inkl. Lenkersitz	Versicherungssumme					
	3 Mio. Fr. pauschal			unbegrenzt		
	SBJ 1000 SBN 500 SBU 0	SBJ 1500 SBN 1000 SBU 500	SBJ 500 SBN 0 SBU 0	SBJ 1000 SBN 500 SBU 0	SBJ 1500 SBN 1000 SBU 500	SBJ 500 SBN 0 SBU 0
Bis 803 cm³ Hubraum (= 4.09 Steuer-PS) sowie E-Mobile	455.50	418.60	683.30	457.60	420.70	685.40
804 – 1392 cm³ Hubraum (= 4.09 – 7.09 St-PS)	770.50	709.–	1156.30	773.60	712.–	1159.40
1393 – 2963 cm³ Hubraum (= 7.10 – 15.09 St-PS)	1079.40	993.20	1619.–	1083.50	997.30	1623.10
Über 2964 cm³ Hubraum (= über 15.10 St-PS)	1441.50	1326.60	2162.80	1447.70	1332.80	2169.–

SBJ 500/1000/1500 = Selbstbehalt für Lenker unter 25 Jahren von 500/1000/1500 Franken

SBN 500/1000 = Selbstbehalt für Lenker, die den Fahrausweis während weniger als zwei Jahren besitzen, von 500/1000 Franken

SBU 500 = Selbstbehalt für alle übrigen Lenker von 500 Franken

Aus der Tabelle ergibt sich deutlich, dass der Prämienunterschied für beschränkte oder unbeschränkte Deckung sehr gering ist (zwischen Fr. 1.10 und Fr. 5.60 im Jahr). Weiter ersieht man daraus, dass der Prämienunterschied zwischen normalem Selbstbehalt und freiwillig höherem Selbstbehalt mit acht Prozent nur einen bescheidenen Frankenbetrag ausmacht; nur zwei Prozent der Lenker haben deshalb von diesem Angebot im ersten Jahr Gebrauch gemacht.

Tips:

- Wählen Sie den Versicherungstarif mit unbegrenzter Versicherungssumme. Der Prämienunterschied kann praktisch vernachlässigt werden. Sollte aber bei einem wirklich schweren Unfall beispielsweise ein Familienvater invalid werden, ist die gesetzliche Minimalsumme schnell einmal überschritten, was unter Umständen zu einer persönlichen Haftpflicht führt, die auch gut verdienende Zeitgenossen finanziell ruinieren kann.

- Die Mehrprämie für reduzierte Selbstbehalte für Jugendliche bis 25 Jahre und Neulenker lohnt sich kaum, da sie bei Mittelklassewagen schon in einem Jahr fast soviel ausmacht wie die Reduktion des Selbstbehalts.

- Lassen Sie die finanziellen Folgen von Unfällen von der Haftpflichtversicherung erledigen und entscheiden Sie nachher, ob Sie den Schaden selbst tragen oder durch die Versicherung decken lassen wollen. Die Versicherung gibt Ihnen dazu nach Abschluss des Falles einen Monat Zeit.

- Wird Ihr Auto durch eine Drittperson beschädigt, die den Schaden durch ihre Haftpflichtversicherung erledigen lassen will, dürfen Sie die Reparaturarbeiten erst vornehmen lassen, wenn die Haftpflichtversicherung dazu ihr Einverständnis gegeben hat. Andernfalls kann Ihnen passieren, dass die Versicherung nur einen Teil der Kosten akzeptiert.

Die Kaskoversicherung

Laut Duden stammt der Ausdruck Kasko aus dem Spanischen und bezeichnet das Fahrzeug oder den Schiffsrumpf im Unterschied zum Transportgut. Mit einer vom Gesetzgeber im Gegensatz zur Haftpflichtversicherung nicht zwingend vorgeschriebenen Kaskoversicherung kann man sich versichern gegen die finanziellen Folgen von «Schäden, von denen das deklarierte Fahrzeug sowie dazu gehörende Ersatzteile, Zubehör und Werkzeuge gegen den Willen des Versicherungsnehmers und des Lenkers betroffen werden», wie es in der Police einer grossen Versicherungsgesellschaft heisst.

Leistungen und Prämien der Kaskoversicherungen können im Unterschied zur Haftpflichtversicherung grundsätzlich von einer Gesellschaft zur anderen verschieden sein, da es in diesem Bereich keine staatlichen Normen gibt. Es lohnt sich deshalb trotz weitgehender Parallelen, Vergleiche anzustellen: Gemäss TCS-Untersuchungen können die Prämienunterschiede bei vergleichbaren Leistungen im Teilkaskobereich bis zu 25 Prozent, im Vollkaskobereich sogar bis zu 40 Prozent ausmachen.

Die meisten Versicherungen bieten verschiedene Systeme an, zum Teil ohne Bonus/Malus, zum Teil mit Bonus und ohne Malus, zum Teil mit Bonus und Malus. Der Bonus für schadenfreies Fahren kann dabei bis zu 50 Prozent der Grundprämie betragen, der höchste Malus geht bis 120 Prozent. Die wesentlichsten Unterschiede bestehen aber in der *Kulanz*, das heisst in der Grosszügigkeit oder Kleinlichkeit, mit der die Bestimmungen im Schadenfall interpretiert werden. So sind laut allen Teilkasko-Policen Glasschäden zwar gedeckt – ob man ein zerbrochenes Sonnendach aber tatsächlich bezahlt erhält, ist je nach Gesellschaft ungewiss. Ein anderes Beispiel: Geknickte Antennen werden von der Teilkasko bezahlt, Krawallschäden aber abgelehnt. Was ist jetzt mit der während eines Tumults in Mitleidenschaft gezogenen Antenne?

Unterschiede kann es auch bei der Festsetzung der Anfangsprämie geben: Je nach Lenker (jahrelanges unfallfreies Fahren) oder

Art des Fahrzeugs (Neuauto) gibt es Rabatte oder nicht. Und schliesslich wird eine attraktive niedrige Anfangsprämie möglicherweise durch einen geringeren Maximalbonus bei unfallfreier Fahrt kompensiert.

1000 oder 2000 Franken?

Als unbekannte Täter ins Auto von Hans-Peter einbrachen und Radio/Tonband sowie eine Kamera stahlen, entstand ein Schaden von fast 2000 Franken – und just dies war laut seiner Police der versicherte Maximalbetrag für diese Art Schaden. Es gelang dem Geschädigten sogar, die entsprechenden Quittungsbelege auszugraben, so dass er frohgemut auf die Überweisung des vollen Betrags wartete.

Wie gross war aber seine Überraschung und Verärgerung, als ihm die Versicherung ohne jede Begründung lediglich knapp 1000 Franken überwies. Das liess sich Hans-Peter indes nicht gefallen: Nachdem er telefonisch keine befriedigende Erklärung für die Leistungskürzung erhalten hatte, fasste er mit mehreren Briefen nach – und erhielt nach einigem Hin und Her den Restbetrag überwiesen. Bis heute wartet er allerdings vergeblich auf die Antwort auf seine Frage, weshalb überhaupt eine Kürzung vorgenommen worden war. Fazit: Reklamieren lohnt sich.

Während die Kosten einer Teilkaskoversicherung je nach Wert des Autos zwischen 100 und 700 Franken im Jahr betragen, kosten Vollkaskoversicherungen je nach Fahrzeug 1000 bis 3000 und mehr Franken im Jahr. Sie lohnen sich deshalb nur für teure (neue) Autos. Wegen der hohen Kosten gilt hier ganz besonders der Grundsatz, wonach genaue Vergleiche späteren Ärger vermeiden helfen.

Tips:

- Um die verschiedenen Kaskoversicherungs-Prämien mit und ohne Bonus/Malus zu vergleichen, rechnet man am besten die Gesamtprämie über sechs Jahre aus, da spätestens in dieser Zeit bei schadenfreier Fahrt ein allfälliger Maximalbonus erreicht wird.

- Lassen Sie sich allenfalls durch einen Fachmann (zum Beispiel Verkehrsverband) beraten, welche Versicherungen einen guten Ruf betreffend Kulanz haben. Auch Bekannte können mit ihren Erfahrungen weiterhelfen.

- Die Kasko-Prämien lassen sich wesentlich reduzieren, wenn man statt des gebräuchlichen Selbstbehalts von 500 Franken einen solchen von 1000 oder gar 2000 Franken wählt (Unfälle werden so allerdings teurer).

- Auf einen Abschluss einer Teilkaskoversicherung kann man verzichten, wenn das Auto weniger als 4000 Franken wert ist.

- Lassen Sie sich von der Kaskoversicherung nicht alles gefallen. Es gibt verschiedene Fälle, in denen wiederholtes und energisches Reklamieren oder Rückfragen zum Erfolg geführt haben.

- Holen Sie vor Abschluss einer Vollkaskoversicherung bei verschiedenen Gesellschaften schriftliche Offerten für Ihr genau definiertes Auto ein.

- Eine Vollkaskoversicherung empfiehlt sich namentlich für neue Autos während der ersten beiden Jahre sowie für Fahrzeuge im Wert von über 20 000 Franken.

- Bei Vollkaskoversicherungen ist ein Zeitwert-Zusatz ratsam, da nur dieser bei einem Totalschaden dafür sorgt, dass man statt des geringen Verkehrswerts noch einen anständigen Betrag erhält (nach sieben Jahren etwa die Hälfte des Neuwerts). Nach sieben Jahren ist die Zeitwertklausel aber jedenfalls aufgehoben; spätestens ab diesem Alter des Fahrzeuges ist die Umwandlung in eine Teilkasko vernünftig.

- Vollkasko-Zusatzversicherungen zur bestehenden Teilkasko können auch für kurze Zeiten (Ferienreise) abgeschlossen werden und versprechen bei geringen Prämien (rund 150 Franken) guten Schutz, weil die Unfallfolgekosten unabhängig von Verursacher und Verschulden gedeckt werden. Je nach Police sind Mietauto- und/oder Rückreisekosten eingeschlossen.

- Auch eine gute Kaskoversicherung entbindet Sie nicht davon, Ihr Auto sorgfältig zu warten. Schäden wegen Nachlässigkeit (zu wenig Öl oder Kühlwasser usw.) oder Grobfahrlässigkeit (massive Verletzung von Verkehrsregeln, Alkohol usw.) ziehen oft eine empfindliche Reduktion der Leistungen nach sich.

- Falls Ihr Auto beschädigt worden ist und Sie beabsichtigen, den Schaden der Teil- oder Vollkaskoversicherung anzumelden, müssen Sie mit dieser erst (telefonisch) Kontakt aufnehmen, bevor Sie Reparaturen ausführen lassen. Unter Umständen möchte nämlich ein Versicherungsvertreter den Schaden begutachten.

Versicherung gegen Marderschäden

Seit einigen Jahren treten vermehrt Schäden an den Gummiteilen von Autos auf, für die Marder verantwortlich sind. Diese putzigen Tierchen sind sogenannte Kulturfolger, das heisst, sie haben gelernt, sich im menschlichen Siedlungsraum ganz behaglich einzurichten. Unangenehme Nebenerscheinung: Sie kriechen gerne unter warme Autos und zerbeissen dort Pneus, Gummimanschetten, Brems-, Kühl- und Wasserschläuche sowie Zündkabel.

Die Versicherungen gehen mit diesem Thema unterschiedlich um: Die einen schliessen Marderschäden in die Teilkasko ein (zwei bis sieben Franken Zuschlag), die anderen bieten eine spezielle Versicherung oder einen Zusatz für etwa 43 bis 80 Franken im Jahr an. Wer eine Garage hat, kann sich diese Ausgabe sparen, und auch sonst gibt es verschiedene Tricks, den Mardern die Lust am Gummibeissen zu nehmen (siehe auch Kapitel «Ein Auto braucht auch Unterhalt» Seite 157).

Für und wider Insassenversicherung

Ob der Abschluss einer Insassenversicherung nötig sei oder nicht, ist stark umstritten. Eine solche Versicherung schützt für bescheidene Prämien von etwa 100 Franken im Jahr alle Passagiere des versicherten Autos gegen die finanziellen Folgen eines Unfalls gemäss den Richtlinien und Maximalbeträgen der einzelnen Police. Die Mitfahrer sind aber heute bereits durch die obligatorische Haftpflichtversicherung gedeckt, und der Halter hat meist eine Unfallversicherung (als Arbeitnehmer durch die obligatorische Unfallversicherung nach UVG oder in der Krankenkassenprämie eingeschlossen).

Dies zeigt aber bereits eine mögliche Lücke, in die eine Insassenversicherung springen kann: Kann ein Unfall (weil nur Mitfahrer betroffen sind) über die Insassen-Police geregelt und die Haftpflichtversicherung dadurch «geschont» werden, lässt sich damit ein Malus vermeiden, der möglicherweise mehrere tausend Franken kostet.

Ein anderer wesentlicher Vorteil, der von den Versicherern immer wieder betont wird, ist der Schutz gegen die vor allem in südeuropäischen Ländern oft ungenügende Haftpflichtdeckung. Die vorgeschriebene Minimaldeckung (in der Schweiz drei Millionen Franken) beträgt zum Beispiel in Spanien nur 108 000 Franken, in Portugal und Griechenland 120 000 Franken und in Italien 770 000 Franken – Beträge, die nie ausreichen, um die finanziellen Folgen eines schweren Unfalls abzudecken.

Die Insassenversicherung kommt auch zum Zug, weil der Autohalter an seine eigene Haftpflichtversicherung keine Ansprüche stellen kann. Bei Unfällen durch höhere Gewalt ist die Haftpflichtversicherung zudem von ihrer Ersatzpflicht befreit. Weiter darf man – mit Einschränkungen – auf grosszügigere Leistungen hoffen, wenn bei grobfahrlässigem Verhalten ein Mitfahrer körperlich geschädigt wird und der Haftpflichtversicherer Regress nimmt. Zudem gibt es auch heute noch Leute (zum Beispiel Jugendliche, Hausfrauen, Autostopper, Pensionierte), die nur über einen ungenügenden Versicherungsschutz verfügen. Und schliesslich kann man ohne Versicherungsdeckung dastehen, wenn man in einen Unfall mit Fahrerflucht verwickelt wird, wenn einem ein Lenker mit einem gestohlenen Fahrzeug ins Auto fährt oder wenn der Verursacher eines Unfalls den Vorschriften zum Trotz keine Haftpflichtversicherung hat, was vor allem in Irland, Grossbritannien und Frankreich vorkommen kann.

Tips:

- Eine Insassenversicherung ist nicht dringend nötig, bringt aber gewisse Ergänzungen, die sich angesichts der geringen Prämienkosten durchaus bezahlt machen können.
- Klären Sie mit einer Vertrauensperson ab, ob sich für Sie, Ihre gesamte Versicherungssituation und Ihre Mitfahrgewohnheiten der Abschluss einer Insassenversicherung rechtfertigt.

Die Rechtsschutzversicherung

Auch der Abschluss einer Rechtsschutzversichung ist nicht dringend erforderlich, kann jedoch angesichts der nicht dramatischen Kosten von 50 bis 150 Franken ohne weiteres erwogen werden. Bekanntlich macht es im Falle eines (Un-)Falles einen Unterschied, ob man bei einem Rechtsstreit im Recht ist oder Recht bekommt. Es stellt sich also die Frage, ob die nötigen Geldmittel für Anwälte und allfällige Prozesskosten überhaupt vorhanden sind. Da können Rechtsschutzversicherungen nützlich sein. Sie werden namentlich von den Verkehrsverbänden in Zusammenarbeit mit Versicherungsgesellschaften, aber auch von diesen direkt angeboten. Auch die Haftpflichtversicherungen sind verpflichtet, ungerechtfertigte Ansprüche, die an ihre Versicherten gestellt werden, abzuwehren und deren Interessen und Rechte zu wahren.

Die auf dem freien Markt offerierten Versicherungsverträge weisen erhebliche Unterschiede auf, wobei man nicht einmal davon ausgehen kann, dass die teurere Police auch die umfassendere sei. Vergleichen Sie deshalb auch bei dieser Frage und überprüfen Sie namentlich folgende Punkte:

- Ist nur der Halter eines Autos gedeckt, oder sind auch seine übrigen Familienangehörigen in den Versicherungsschutz eingeschlossen?
- Müssen die übrigen Familienangehörigen Mitglieder des betreffenden Verkehrsverbandes (mit der entsprechenden Kostenfolge) werden, um beim Rechtshilfeschirm unterstehen zu können?
- Erhält der Halter nur am Steuer seines eigenen Autos die Rechtshilfe oder auch, wenn er ein geliehenes oder gemietetes Auto fährt?
- Gewährt die Versicherung die freie Wahl des Anwalts und der Experten?
- Werden Strafkautionen übernommen oder nur bevorschusst?
- Sind auch die Halter mehrerer Fahrzeuge – Autos, Motorräder usw. – in der selben Familie versichert?
- Ist der Versicherungsnehmer auch gedeckt, wenn er als Fussgänger oder Benützer des öffentlichen Verkehrs in eine verkehrsrechtliche Auseinandersetzung gerät?
- Hört der Versicherungsschutz an der Landesgrenze auf?
- Wie hoch ist die maximale Versicherungsdeckung?

Der Rechtsschutz lässt sich auch über den Strassenverkehr hinaus für die übrigen Prozessrisiken des Alltags (Nachbarschaftsrecht, Erbschaftshändel usw.) ausdehnen. Selbstverständlich hat dieser besondere Schutz auch seinen besonderen Preis.

5. Kapitel

Unterwegs

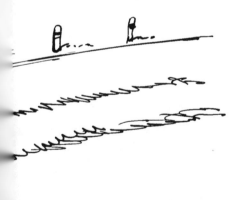

Hitzestress, zu wenig Abstand, Übermüdung

Der «Schlaue», der seinen Urlaub zu verlängern sucht, indem er «in einem Zug» Stockholm–Rimini durchfährt, ist noch nicht ausgestorben. Bei der Verkehrsabteilung der Kantonspolizei Luzern weiss man ein Liedlein von übermüdeten und dementsprechend unaufmerksamen Marathonfahrern zu singen. Diese Spezialisten kommen heute häufig aus Spanien und Griechenland, aus Jugoslawien und der Türkei. Zu jeder Tages- und Nachtzeit ist namentlich im Hochsommer der Tatbestand Übermüdung Unfallursache Nummer eins.

> **«Der Tatbestand Übermüdung ist namentlich im Hochsommer Unfallursache Nummer eins...»**

Am 11. Juli 1991 knallte in aller Herrgottsfrühe, um 3.30 Uhr, ein Lastwagen in einen PW: Der «heldenhafte» Trucker war seit 36 Stunden auf der Piste gewesen! Noch tragischer könnte sowas mit einem vollbesetzten Reisecar ausgehen. «Überladen von Fahrzeugen, viel zu schnelles Fahren mit Wohnanhängern, viel zu wenig Abstand zum Vordermann», Polizei-Wachtmeister Jakob B. zählt weitere typische Probleme im Reiseverkehr auf und meint halb resigniert: «Am besten fährt man überhaupt nicht mit dem Auto in die Ferien. Am gescheitesten würden solche Leute doch zu Hause bleiben...»

Wie etwa der Maschinenschlosser Norbert B. aus Münster, Westfalen, unterwegs nach Italien, der am Samstag, 13. Juli 1991 um 5.50 Uhr kurz vor der Raststätte Neuenkirch einen Moment am Lenkrad einnickte. Mit viel Glück endete dieser Unfall ohne Verletzte, das Auto und die Leitplanken waren Schrott.

Zwei Tage zuvor auf dem gleichen Autobahnstück: Alleinunfall; Ursache: kurze Bewusstlosigkeit wegen Hitze. Und in Dagmersellen geriet ein griechischer Student offensichtlich wegen Übermüdung über den Strassenrand hinaus und spielte mit dem Auto Pingpong zwischen den Leitplanken – Ende einer Ferienfahrt. Noch und noch registrieren die Patrouilleure Unfälle und Beinahe-Unfälle, weil die Leute am Steuer schwatzen und gestikulieren und dabei weder den nötigen Abstand noch die nächste Autobahnverzweigung beachten. Dann zieht man das Fuhrwerk mit schlingerndem Wohnanhänger in letzter Sekunde auf die andere Spur, und schon ist der Unfall passiert. Typisch auch: Nie nach links und nach hinten schauen, trotzdem kühn auf die linke Spur schwenken, und schon ist wieder ein Überholer an die Mittelleitplanke gedrückt.

Unsinnigerweise sparen auch viele Automobilisten – obwohl sie einen beträchtlichen Teil des Familienvermögens ins Auto stecken – beim Service vor der Ferienfahrt. Polizei-Wachtmeister Alfred W. erzählt von bedenklichen Müsterchen, wie sie immer wieder auf der Gotthardautobahn registriert werden: «Allein in der ersten Julihälfte 1991 wurden der Zentrale Emmenbrücke 116 Pannenfahrzeuge auf dem N2-Abschnitt Reiden–Hergiswil gemeldet. An Pannen ist heutzutage aber eher selten das Auto schuld, sondern die Nachlässigkeit des Fahrers.»

«Sie glauben gar nicht, wieviele Leute einfach mit zuwenig Geld auf die Reise gehen.»

Überladen bis zum Geht-nicht-mehr, mit miserablen Pneus, an ausländischen Fahrzeugen oft «aufgummierte» in lausigster Qualität, und seit Monaten nicht mehr aufgepumpt – so fährt man dann stundenlang «speed» in der Hochsommerhitze. Radlager, die beim Start schon quietschen, Bremsflüssigkeit aus uralten Zeiten (überalterte Bremsflüssigkeit «kocht» beim sinnlosen Dauerbremsen bergab!) und das Primitivste: zuwenig Öl im Motor, zuwenig Kühlflüssigkeit – man spart einige Fränkli und riskiert das Tausendfache an Kosten...

Weitere täglich registrierte Unterlassungssünden: Keine Wagenheber dabei! Manchmal nicht einmal ein noch halbwegs brauchbares Reserverad! Und zu guter Letzt, weil Geld zum Autofahren so nötig ist wie das Lenkrad: «Sie glauben gar nicht, wieviele Leute einfach mit zuwenig Geld auf die Reise gehen. Das führt dann öfters zu Benzinpannen, besonders auf der Rückreise.»

Köpfchen statt Bleifuss

Der Test ist zwar altbekannt, verblüfft aber dennoch immer wieder: Zwei Fahrer unterwegs im dichten Stadtverkehr. Gleiche Autos, gleiche Route. Fahrer A. rast, wechselt Spur um Spur, fährt rasant an und bremst brüsk ab. Lässt vor dem Rotlicht nervös den Motor aufheulen. Fahrer B. hält sich an die Verkehrsregeln, fährt harmonisch, überlegt und ohne Stress. Fahrer A. bringt die Strecke – mit viel Risiko – in 19 Minuten hinter sich. Fahrer B. kommt mit 22 Minuten durch.

Bilanz des Versuchs: A. hat 53 Prozent mehr Benzin verbraucht, entsprechend mehr Abgase produziert sowie Motor, Getriebe, Lenkung, Bremsen und Reifen stärkerem Verschleiss ausgesetzt. Alles klar? Kommt es wirklich auf diese drei Minuten Zeitgewinn – mit erhöhtem Unfallrisiko und einem enormen Mehrverschleiss an Nerven – an?

Man mag über die paar Deziliter mehr oder weniger verbrauchtes Benzin lächeln. Tatsächlich aber birgt Energiesparen im Verkehr gewaltige Potentiale, da es gesamthaft um sehr grosse Mengen geht. Bereits zehn Prozent Treibstoffeinsparung machen bei einem schweizerischen Jahresverbrauch von sechs Milliarden Litern deutlich über eine halbe Milliarde Franken aus! Die folgenden beiden Werte illustrieren die Grössenordnungen, um die es hier geht:

- Erdölprodukte (Benzin, Dieselöl usw.) machen in der Schweiz zwei Drittel des gesamten Energieverbrauchs (Verkehr, Heizungen, Industrie, Gewerbe usw.) aus.
- Der Verkehr beansprucht mehr als ein Viertel des Gesamtenergieverbrauchs. Davon sind 96 Prozent Erdölprodukte.

Autofahren oder nicht?

Es ist eindeutig: Am energie- und umweltbewusstesten verhält sich, wer das Auto stehen lässt und gar nicht erst den Zündschlüssel dreht. Dieser Idealvorstellung lässt sich indes leider nicht immer nachleben.

Es macht jedoch einen Unterschied für die Umwelt und das eigene Portemonnaie, *wie* man mit dem Auto umgeht. Das beginnt mit der Frage, ob das eigene Reise- oder Transportvorhaben überhaupt nötig sei und mit welchem Verkehrsmittel es allenfalls am idealsten ausgeführt werden soll. Zum Thema «ideal» gehört dabei auch der Gedanke an die Umwelt: Geht's auch ohne Erzeugung von Lärm und Abgasen? Würde ich die Autofahrt auch dann unternehmen, wenn ich das Auto nicht direkt vor der Tür stehen hätte und der Liter Benzin doppelt so viel kosten würde? Alternativen zur Autofahrt können sein:

- Transportgüter per Post oder Bahn spedieren.
- Die Fahrt mit dem Velo oder einem öffentlichen Verkehrsmittel unternehmen.
- Mehrere Lieferungen oder Besuche zu einer Fahrt zusammenlegen.

Defensiv fahren

Auch wenn sich die Autofahrt nicht umgehen lässt, gibt es Unterschiede, wie im eingangs erwähnten Vergleichstest erläutert worden ist. Es gilt, gegenüber der heute weit verbreiteten hektischen und aggressiven Fahrweise eine gelassenere und defensive Mentalität am Steuer zu entwickeln. Sie halten einen grösseren Abstand zum vor Ihnen fahrenden Auto, überblicken das Verkehrsgeschehen weiträumiger und vermeiden rasante Beschleunigungen oder brutale Stopps. Sie fahren in höheren Gängen und gleichmässiger, als hätten Sie fast kein Benzin mehr im Tank und hoffnungslos abgenützte Bremsbeläge. Sie erinnern sich, dass auch Sie gelegentlich zu Fuss oder per Velo unterwegs sind, und gewähren den schwächeren Verkehrsteilnehmern den Vortritt, selbst wenn Sie nicht müssten. Sie tauschen die Einstellung «Ich gegen den Rest der Welt» gegen den Grundgedanken «Wir alle sind unterwegs». Sie sind rechtzeitig aufgebrochen, konnten eine längere Fahrt mit einer Pause unterbrechen und kommen ausgeruht und rechtzeitig am Ziel an. Diese defensive oder sanfte Fahrweise hat nur Vorteile:

- weniger Energieverbrauch, weniger Kosten
- weniger Abgase
- weniger Lärm
- weniger Unfälle mit Menschen und Tieren
- weniger Hektik und Stress
- weniger Verschleiss.

Ans sanfte Autofahren kann man sich vor allem durch ein anderes Verhalten beim Schalten gewöhnen: Beschleunigen Sie beim Wegfahren für einen kurzen Moment herzhaft, bis der Tourenzähler in den Bereich von 2000 bis 2500 Umdrehungen pro Minute gelangt, und schalten Sie dann rasch in den nächsten Gang. Dies wiederholen Sie, bis Sie im höchstmöglichen Gang niedertourig dahingleiten (oder im fünften Gang auf Reisegeschwindigkeit kommen). Auf diese Weise nützen Sie das Drehmoment des Motors am besten aus und erreichen am raschesten die hohen und verbrauchsgünstigen Gänge. Haben Sie keinen Tourenzähler, so müssen Sie sich umgewöhnen und dürfen vor dem Hochschalten nicht auf das hochtourige Heulen des Motors warten.

Zur Begründung ein Blick auf das Verbrauchsdiagramm eines Mittelklassewagens. Es zeigt, bei welchen Gaspedal-Stellungen ein hochverdichteter Benzinmotor wieviel Treibstoff verbraucht. Die Zahlenangaben bei den Linien geben den Benzinverbrauch in Gramm pro Kilowatt (kW) Leistung und Stunde an. Man kann davon ausgehen, dass ein Auto etwa zehn kW benötigt, um eine Geschwindigkeit von 80 Stundenkilometern beizubehalten (Überwindung von Trägheit, Roll- und Luftwiderstand usw.). Bei einem zu drei Vierteln durchgedrückten Gaspedal im Drehzahlbereich von 2500 Umdrehungen pro Minute beträgt der Verbrauch pro Stunde somit zehn mal 260 Gramm, also 2,6 Kilo Treibstoff. Bei einem spezifischen Gewicht des Benzins von 0,8 entspricht dies 3,25 Litern Treibstoff pro Stunde beziehungsweise für 80 Kilometer.

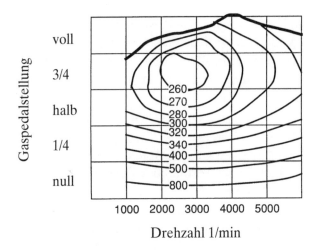

Drehzahl 1/min

Tips zum sanften Fahren:

- Fahren Sie wenn möglich nicht in den Verkehrsspitzenzeiten.
- Motor starten, ohne Gas zu geben.
- Bei Autos mit Choke diesen sofort nach dem Start halb und nach wenigen hundert Metern Fahrt ganz zurückstellen. (Im Choke-Betrieb verbraucht eine Auto bis zu fünfmal mehr Treibstoff als im Normalbetrieb!)
- In den unteren Gängen rasch beschleunigen, um zügig in die oberen Gänge hochzuschalten (bei Autos mit Automat kurz den Gasfuss anheben, so dass die Automatik hochschaltet).
- Den Motor in den unteren Gängen – ausser aus Sicherheitsgründen, beispielsweise beim Überholen – nie über 2500 Touren pro Minute treiben.
- Komfortablen Sicherheitsabstand zum nächsten Fahrzeug einhalten, so dass Sie abrupte Manöver vermeiden können.
- Gleichmässig fahren, als ob die Bremsen kaputt und der Tank beinahe leer wären.
- Möglichst lange im grössten Gang fahren.
- Beim Verlangsamen wenn möglich Gänge überspringen.

- Beim Bergabfahren jenen Gang wählen, bei dem das Fahrzeug allmählich schneller wird, und hin und wieder sanft abbremsen.
- Nicht mit Herunterschalten bremsen (zu hoher Motor- und Kupplungsverschleiss), sondern indem Sie ausrollen lassen und die Bremsen betätigen.
- Kontrollieren Sie im Bordbuch (siehe Seite 113) Ihren Öl- und Treibstoffverbrauch.
- «Schulmeistern» bringt auf der Strasse nichts. Auch Sie können sich irren. Statt den Polizisten oder Richter am Steuer zu spielen, helfen Sie besser, prekäre Situationen zu meistern. Unsichere und Ortsunkundige sind um Toleranz besonders froh.
- Versuchen Sie, mögliche Gefahren vorauszusehen: Erhöhte Vorsicht ist ratsam bei Kindern, älteren Passanten, Zweiradfahrern, Ortsfremden und Parkplatzsuchenden, in der Nähe von Schulen und Veranstaltungen, bei nasser Fahrbahn, auf Rollsplitt, an unübersichtlichen Kurven und Kreuzungen.

Partnerschaftlich fahren

Das sanfte oder defensive Fahren geht eng zusammen mit dem Stichwort des partnerschaftlichen Fahrens: Wer auf der Strasse gelassener unterwegs ist, wird auch eher Rücksicht auf die übrigen Verkehrsteilnehmer nehmen – und bei einem Fehler eher zur Nachsicht neigen. Darüber hinaus gehört aber auch ein vertieftes Verständnis für die anderen Verkehrsmittel und ihre Funktionsweise zur Partnerschaft. Hier einige Hinweise:

- *Lastwagen* sind im Vergleich zu PWs stark untermotorisiert: Um eine Tonne Gesamtgewicht zu bewegen, haben sie zehn PS zur Verfügung, der PW dagegen oft das Zehnfache. Laster können deshalb weniger gut beschleunigen. Anderseits haben sie des grossen Gewichts wegen eine grössere Trägheit und entsprechend längere Bremswege.
  Als PW-Fahrer tragen Sie zur sparsamen Treibstoffverwendung bei, wenn Sie den Lastwagenchauffeuren eine gleichmässige

Fahrt ohne abrupte Beschleunigungs- oder Bremsmanöver ermöglichen.

- *Motorräder* können wegen ihres günstigen Gewicht-Leistungs-Verhältnisses rasch beschleunigen. Anderseits ist es ihnen, besonders auf Rollsplitt oder rutschiger Fahrbahn, fast unmöglich, in Kurven zu bremsen. Weiter haben sie eine kleine Frontseite, so dass sie von weitem oder im Rückspiegel leicht übersehen werden (das auch tagsüber eingeschaltete Abblendlicht soll dies kompensieren).

  Der Motorradfahrer lebt gefährlich: Während Sie im Auto von der stabilen Karosserie umgeben sind, ist er mit der Schutzbekleidung (Kombi) und dem Helm nur notdürftig gegen Unfallfolgen geschützt. Bei Regen ist seine Sicht mangels Scheibenwischer beeinträchtigt. Müssen Sie ein Motorrad überholen, ist Ihnen sein Lenker dankbar, wenn Sie einen Sicherheitsabstand von wenigstens einem Meter (besser anderthalb) einhalten: Manchmal muss er Bodenunebenheiten am Strassenrand ausweichen, und der Sog hinter Autos (vor allem Lastwagen) kann ihn ins Wanken bringen. Anderseits kann der Motorradfahrer rasch überholen; erleichtern Sie dies, indem Sie sich rechts halten und nicht beschleunigen.

- *Fahrrad- und Motorfahrrad-Fahrer* sind die schwächsten Verkehrsteilnehmer auf Rädern und auf Hilfe und Zuvorkommenheit angewiesen. Auch Sie sind froh – wenn Sie gelegentlich auf Velo oder Mofa umsteigen –, wenn Sie mit genügend Sicherheitsabstand (ein bis anderthalb Meter) überholt werden und wenn überholende Automobilisten auch auf entgegenkommende Zweiradfahrer achten.

  Nachts ist besondere Vorsicht geboten, da Velos und Mofas schlecht beleuchtet sind. Vergewissern Sie sich, dass Sie beim Anhalten und Türöffnen am Strassenrand keine Zweiradfahrer behindern.

Klarheit dank Zeichen

Verwirrung, eine häufige Unfallursache, entsteht oft, wenn die verschiedenen Verkehrsteilnehmer im unklaren über die Absichten der anderen sind. Klare Zeichen können helfen, dies zu verhindern:

- Verlangsamen Sie die Geschwindigkeit vor Lichtsignalen, Fussgängerstreifen oder stehenden Kolonnen frühzeitig, so dass zum Beispiel Fussgänger, welche die Strasse überqueren wollen, Ihre Absicht erkennen.
- Betätigen Sie beim Verlangsamen kurz die Bremse, um dem nachfolgenden Verkehr ihre Absicht zu zeigen.
- Geben Sie Passanten ein Handzeichen, wenn Sie sie die Strasse überqueren lassen wollen.
- Zeigen Sie jede Richtungsänderung rechtzeitig mit dem Blinker an. Dies müssen Sie auch dann tun, wenn Sie auf einer Hauptstrasse bleiben, die ihre Richtung ändert.
- Mit einem kurzen Betätigen der Lichthupe geben Sie einem entgegenkommenden Verkehrsteilnehmer das Zeichen, dass Sie ihm den Vortritt (beispielsweise zum Linksabbiegen) gewähren.
- Spuren Sie frühzeitig und richtig ein. Dies ist auch auf Strassen ohne Einspurstreifen möglich, und zwar vor dem Linksabbiegen gegen die Mitte, vor dem Rechtsabbiegen an den rechten Fahrbahnrand. Achten Sie auf Zweiradfahrer.
- Verwenden Sie auch Handzeichen, wenn Sie ein unübliches Manöver in einer schwierigen Situation ausführen wollen.
- Neben Hand-, Hup- und Blinkzeichen gibt es auch den Augenkontakt, mit dem Sie Informationen vor allem mit Verkehrsteilnehmern in Ihrer Nähe austauschen können.

Die angepasste Geschwindigkeit

Zu hohe Tempi sind eine wichtige Unfallursache und werden deshalb von den Strafverfolgungsbehörden streng geahndet. Dabei kön-

nen sie sich neben den Tempo-Limiten auf eine eigentliche Generalklausel stützen: In Artikel 32 schreibt das Strassenverkehrsgesetz
vor, die Geschwindigkeit sei «stets den Umständen anzupassen,
namentlich den Besonderheiten von Fahrzeug und Ladung sowie
den Strassen-, Verkehrs- und Sichtverhältnissen».

Gestützt auf diese Bestimmungen kann praktisch jeder Verursacher eines Unfalls verantwortlich gemacht, gebüsst und für den
Schaden zur Kasse gebeten werden. In jüngster Zeit hat allerdings
das Bundesgericht seine strikte und zum Teil lebens- und verkehrs-
fremde Praxis gelockert. Der folgende Fall illustriert die Grenze der
Verantwortung deutlich. Dabei wurde der Lenker in erster Instanz
gestützt auf Artikel 32 noch verurteilt und erst nach einer Einspra-
che freigesprochen:

Der Automobilist fuhr in der Morgendämmerung auf der N1
von Bern Richtung Zürich. Er fuhr 120 Stundenkilometer, erlaubt
waren damals noch 130. Nachdem er eine Weile hinter einem schweren Anhängerzug mit 100 Stundenkilometern gefahren war, wollte
er diesen überholen. Als er den Lastzug beinahe passiert hatte, wurde er plötzlich von einem Gegenstand auf seiner Fahrspur über-
rascht. Der Lenker konnte den Gegenstand nicht identifizieren, hielt
ihn einen Moment lang gar für einen Menschen. Er riss deshalb das
Steuer herum, kam ins Schleudern, scherte quer über die Autobahn,
touchierte die Leitplanke, kollidierte mit verschiedenen Verkehrs-
signalen und kam schliesslich zum Stehen. Fazit: 7500 Franken Schaden an den Autobahneinrichtungen, 5000 Franken am Fahrzeug. Als
«unfallverursachender» Gegenstand entpuppte sich ein Plastiksack
voll Füllmaterial, von dem sich nicht eruieren liess, wer ihn verloren
hatte. Erst in zweiter Instanz wurde der Fahrer von Schuld und Strafe freigesprochen – der Richter liess allerdings durchblicken, dass
der Besitzer des Sackes ins Recht gefasst worden wäre, wenn man
ihn gefunden hätte (gestützt auf Artikel 30 SVG, wonach die
Ladung so anzubringen ist, «dass sie niemanden gefährdet oder belästigt und nicht herunterfallen kann»).

Artikel 32 wird meist zusammen mit dem vorangehenden Artikel 31 des Strassenverkehrsgesetzes angewendet, wonach der Len-

ker sein Fahrzeug ständig so beherrschen muss, «dass er seinen Vorsichtspflichten nachkommen kann» – eine weitere Generalklausel. Daraus ergibt sich, dass es nicht nur darum geht, die signalisierten Höchstgeschwindigkeiten zu beachten, sondern praktisch jederzeit so zu fahren, dass man innert Sichtweite anhalten kann. Und dieser Punkt ist namentlich auf Schnee und Eis, aber auch bei Dunkelheit und Regen, auf schlechten Strassen und mit ungeeigneten oder abgefahrenen Reifen schnell erreicht.

Tips:

- Halten Sie sich in jedem Fall an die Tempo-Limiten.
- Lassen Sie sich nicht von Schnellfahrern hinter oder vor Ihnen zu einer Fahrweise verleiten, bei der Sie das Fahrzeug nicht mehr beherrschen.
- Auf Naturstrassen müssen Sie mit Bremswegen rechnen, die fast so lange sind wie auf Schnee und Eis.
- Bereits ab 80 Stundenkilometern kann auf nassen Strassen sogenanntes Aquaplaning auftreten (speziell mit Breitreifen).

Rücksicht auf Fussgänger, vor allem auf Kinder

Jeder Automobilist ist auch Fussgänger, war einmal ein Kind und wird einmal älter. Diese banale Tatsache scheinen gewisse Zeitgenossen mitunter zu vergessen: Jedes Jahr werden bei Unfällen in der Schweiz etwa 3500 Kinder zum Teil schwer verletzt und 100 getötet. Auch ältere Mitmenschen sind häufig von Unfällen betroffen, wobei dies für sie besonders gravierend ist, da die Heilungsprozesse im Alter langsamer und weniger gut verlaufen. Mit etwas mehr Rücksicht und vorausschauendem Fahren liesse sich manches Unheil verhindern.

Und das Recht ist auf der Seite der Schwachen: Das Strassenverkehrsgesetz schreibt in Artikel 26 vor, gegenüber Kindern,
Gebrechlichen und alten Leuten sei «besondere Vorsicht geboten»,
ebenso «wenn Anzeichen dafür bestehen, dass sich ein Strassenbenützer nicht richtig verhalten wird». Vor allem Kinder lassen, weil
ihnen der Sinn für die Gefahren des Strassenverkehrs noch fehlt,
solche «Anzeichen» oft vermissen, weshalb in ihrer Nähe höchste
Vorsicht gefragt ist.

Gerichte schützen Kinder

Die Schweizer Gerichte bis zum Bundesgericht haben verschiedentlich deutlich gemacht, dass Artikel 26, Absatz 2 des SVG sehr weit
auszulegen ist. Zum Beispiel der Kantonsgerichts-Ausschuss
Graubünden: «Befinden sich auf dem Trottoir Kinder, die spielen
und den Verkehr nicht beachten, so hat der herannahende Fahrzeugführer die Geschwindigeit zu mässigen und ein akustisches
Warnsignal zu geben.»

Mehr noch, das Bundesgericht erkannte, ein Automobilist habe
seiner besonderen Sorgfaltspflicht nicht genügt, weil er nur kurz
hupte und mit 40 bis 45 Stundenkilometern weiterfuhr, als er in 25
Meter Entfernung in einer Wiese am rechten Strassenrand ein sechs-
jähriges Kind sah, das zu anderen Kindern auf der gegenüberliegen-
den Strassenseite hinüberblickte. Der Fahrer hätte vielmehr das
Kind ständig im Auge behalten müssen, um festzustellen, ob seine
Warnung beachtet worden sei. Zudem hätte er das Warnsignal wiederholen oder die Geschwindigkeit mässigen müssen.

Tips:

- Sie dürfen sich nicht darauf verlassen, dass sich Fussgänger stets
  korrekt verhalten. Gemäss Artikel 26, Absatz 2 des Strassen-

verkehrsgesetzes ist ihnen gegenüber sogar «besondere Vorsicht» gesetzlich vorgeschrieben.

- Denken Sie daran, dass ältere Mitmenschen oft weniger verkehrsgewohnt sind und sich zudem meist weniger flink bewegen können als jüngere; geben Sie ihnen genügend Zeit und allenfalls ein freundliches Handzeichen, beispielsweise beim Überqueren der Strasse.
- Kinder sind grundsätzlich unberechenbar. Auch momentan ruhige, stehende Kinder können plötzlich auf die Fahrbahn springen.
- Betätigen Sie kurz die Hupe, wenn Sie den Eindruck haben, Kinder hätten das Herannahen Ihres Fahrzeugs nicht bemerkt. Wiederholen Sie das Warnsignal und verlangsamen Sie die Geschwindigkeit, wenn Sie den Eindruck haben, die Kinder hätten dem Signal keine Aufmerksamkeit geschenkt.
- Noch gefährdeter als sichtbare sind versteckte Kinder: Rollende Bälle, Kreidezeichnungen oder Spielzeug am Strassenrand deuten auf Kinder in der Nähe (eventuell hinter parkierten Autos).
- Rennt irgendwo ein Kind, ist es gut möglich, dass noch weitere unterwegs sind.
- Fahren Sie generell vorsichtig (Bremsbereitschaft) beim Verkehrszeichen «Kinder» sowie in der Nähe von Schulen, Kindergärten, Sportplätzen und Badeanstalten.
- Fahren Sie langsam an Reihen parkierter Autos vorbei. Die Augenhöhe von Kindern ist genau so, dass sie über stehende Fahrzeuge nicht hinwegsehen können.
- Verlassen Sie einen Parkplatz mit «Kinderverdacht» erst, wenn Sie hinter und sogar unter dem Auto nachgesehen haben, ob dort keine Kinder Verstecken spielen.
- Besonders gefährlich sind die ersten zwei bis drei Wochen nach den Ferien: Die Schulkinder haben sich oft noch nicht wieder an den Alltag und damit an das Verhalten auf der Strasse gewöhnt, und die neuen Erstklässler und Kindergarten-Anfänger sind noch ungeübte Verkehrsteilnehmer.

Sparsam, sicher und umweltschonend

Motor abstellen

Ein Automotor verbraucht im Leerlauf pro Stunde rund 1,5 Liter Benzin. Damit könnten Sie ausserorts bei gelassener Fahrweise etwa 20 Kilometer zurücklegen. Würden alle Automobilisten in der Schweiz konsequent den Motor abstellen, wenn er vor Lichtsignalen und Bahnschranken oder in stehenden Kolonnen nicht gebraucht wird, liessen sich nach TCS-Berechnungen jährlich etwa 200 Millionen Liter Treibstoff sparen. Damit können 130 000 Autos ein ganzes Jahr lang herumfahren. Der Einfluss auf die Luftqualität wäre entsprechend positiv.

Solche Zahlenbeispiele zeigen, dass es Sinn macht, den nicht benützten Motor abzustellen. Motoren heutiger Bauart schadet dies trotz da und dort noch vorhandenen gegenteiligen Meinungen nicht das geringste. Beim Neustart ist darauf zu achten, den Motor ohne Gasgeben anzulassen, weil sonst der Spareffekt verloren geht. Bei Autos ohne Katalysator wirkt sich das Abstellen des Motors für Portemonnaie und Luftqualität schon ab sieben Sekunden positiv aus, bei Katalysator-Autos ab 10 bis 20 Sekunden.

Eine gewisse rechtliche Unsicherheit besteht, weil das Strassenverkehrsgesetz vorschreibt, der fliessende Verkehr dürfe nicht behindert werden. Anderseits ist das Motorabstellen ebenfalls Vorschrift. Dem Beobachter-Beratungsdienst ist kein Fall bekannt, dass jemand gebüsst worden wäre, weil er wegen Motorabstellens den Verkehr behindert hätte; hingegen gibt es Fälle, dass Autofahrer mit laufendem Motor vor dem Rotlicht gebüsst wurden.

Tips:

● Schliessen Sie bei stehendem Verkehr zum nächsten Fahrzeug auf, legen Sie unmittelbar vor dem Stillstand den ersten Gang ein und schalten Sie dann den Motor ab (Stellung «P» bei Autos mit Automat).

- Starten Sie den Motor, ohne Gas zu geben, wenn sich das übernächste Auto vor Ihnen wieder in Bewegung setzt. So können Sie weiterfahren, ohne den Verkehr aufzuhalten.

- Befinden Sie sich an der Kolonnenspitze, reicht die Gelb-Phase vor Grün, um den Motor rechtzeitig zu starten.

- Fehlt eine Gelb-Phase, können Sie vielleicht anhand der Signalstellung für den Querverkehr erkennen, ob demnächst ein Umschalten auf Grün bevorsteht.

Harte Reifen helfen sparen

Den meisten Automobilisten ist klar, dass neben dem Treibstoff auch Kühlwasser und Öl für den Betrieb des Autos erforderlich und deshalb regelmässig zu kontrollieren sind. Sehr viel weniger bekannt ist aber, dass auch die Reifen bei jeder zweiten Tankfüllung (also ungefähr alle 1000 Kilometer) überprüft werden sollten, ob sie noch den richtigen Druck haben. Gemäss Untersuchungen des Verkehrs-Sicherheits-Zentrums Veltheim halten sich nur 13 Prozent der Autofahrer an die Reifendruck-Empfehlungen der Hersteller. Dabei gilt die Faustregel, dass für jeden Zehntel Bar Unterdruck ein Prozent mehr Treibstoff verbraucht wird, weil der Rollwiderstand des Pneus auf der Strasse entsprechend grösser ist. Zudem verschleissen sich schlecht gepumpte Reifen rascher, da ihre Flanken beim Fahren kräftiger zusammengedrückt werden. Und schliesslich nimmt die Bodenhaftung bei mangelhaftem Druck ab und die Aquaplaning-Gefahr zu.

Tips:

- Nehmen Sie sich die Mühe, bei jeder zweiten Tankfüllung den Reifendruck im kalten Zustand zu kontrollieren und gegebenenfalls mindestens auf den vom Hersteller empfohlenen Wert zu bringen.

- Kalter Zustand bei Reifen heisst, dass Sie damit nur wenige Kilometer gefahren sein dürfen.
- Selbst zehn Prozent über dem empfohlenen Druck schaden den Reifen nicht und bieten Vorteile bei der Bodenhaftung, beim Rollwiderstand und gegen Aquaplaning.
- Bei schweren Lasten ist der Druck zu erhöhen (Hersteller-Empfehlungen beachten).

Wozu ein Bordbuch?

Welcher private Autobesitzer führt schon ein Bordbuch, es sei denn, er muss, beispielsweise um Kilometerspesen abzurechnen? Und doch ist die Idee nicht abwegig, hat sogar bei eingehender Überlegung viel für sich. Das Bordbuch ist gewissermassen das Gedächtnis des Autos. Darin registrieren Sie gefahrene Kilometer und benötigte Treibstoff- und Ölmengen, ebenso neu montierte Reifen, eine ersetzte Batterie sowie ausgeführte Reparaturen.

Das Bordbuch hilft Ihnen in erster Linie, Ihre Fahrweise zu kontrollieren und sich über die Kosten, die der Autobetrieb verursacht, bewusst zu werden. Wenn Sie gelegentlich geschäftliche Fahrten ausführen, für deren Spesen Sie entschädigt werden, ist das Bordbuch ohnehin ein Muss.

Zudem kann es beim Aufdecken von Mängeln behilflich sein: Wenn sich anhand des Bordbuches zum Beispiel plötzlich ein steigender Benzin- oder Ölverbrauch abzeichnet, hilft eine entsprechende gezielte Kontrolle, einen Schaden frühzeitig zu entdecken. Dasselbe gilt für ausgeführte Reparaturen oder neu montierte Reifen und Batterien: Wer kann sich nach über einem Jahr noch erinnern, was wann gemacht worden ist?

Ein Bordbuch ist keine komplizierte Sache, sondern hat ohne weiteres in einem simplen A6-Heftchen Platz. Wie das aussehen könnte, zeigt das nachfolgende Beispiel:

Datum	Kilometer-Stand	Kilometer-Differenz (für Spesen)	Ziel/Zweck/ Ausgabe	Kosten (Fr.)
17. 5.	27 546	178	Biel, Besuch X AG	4.– (Parking)
19. 5	27 724		Sonntags-Ausflug	—
20. 5.	27 847		Tanken (45 l)	45.–
22. 5.	27 848	54	Besuch BEA	10.– (P)
23. 5.	27 902		Garage, Bremsen ziehen schief	146.–

Wenn Ihnen der Aufwand für ein Bordbuch zu gross erscheint, sollten Sie wenigstens eine minimale Kontrolle für den Treibstoffverbrauch vornehmen: Stellen Sie den Tageskilometer-Zähler jedesmal beim Tanken auf Null und achten Sie darauf, wie weit Sie mit einer Tankfüllung kommen.

Sicherheit auch im Auto

Das am 1. Juli 1981 in der Schweiz eingeführte Gurtenobligatorium hat laut der Schweizerischen Beratungsstelle für Unfallverhütung (bfu) in den ersten zehn Jahren seines Bestehens rund 1500 Menschen das Leben gerettet. Dennoch gibt es immer noch Zeitgenossen, die diese Vorschrift als Eingriff in ihre persönliche Freiheit ablehnen – während in anderen europäischen Ländern bereits das Gurtenobligatorium auch auf den Rücksitzen kurz vor der Einführung steht. Wer immer sich einbildet, man könne sich bei einem Unfall mit den Händen am Lenkrad oder Armaturenbrett abstützen, überschätzt sich eindeutig. Schon bei einem Aufprall mit 40 Stundenkilometern wirken kurzfristig Kräfte von über zwei Tonnen auf die Arme, die eine derartige Belastung niemals aushalten können. Zum Vergleich: Der Weltrekord im Stossen von Gewichten beträgt zur Zeit 266 Kilos.

Das fehlende Gurtenobligatorium auf den Rücksitzen geht vor allem auf Kosten von Kindern, die häufig völlig ungesichert im Fond des Wagens herumturnen. Dabei sind sie so klein und leicht, dass sie auch bei einer Kollision mit geringen Geschwindigkeiten nach vorn und auf das Armaturenbrett oder durch die Windschutzscheibe geschleudert werden. Indes gewöhnen sich Kinder problemlos schon ab dem Babyalter daran, konsequent in ihren Sitzen und angegurtet autozufahren. Laut amerikanischen Untersuchungen werden in den USA durch die Einführung des Kindersitz-Obligatoriums etwa 160 Todesfälle von Kindern im Jahr vermieden.

Tips:

- Benützen Sie die Sicherheitsgurten auch für kurze Fahrten; Verletzungen mangels Gurten sind schon bei sehr geringen Geschwindigkeiten erheblich.
- Schützen Sie Ihren Nachwuchs durch Baby- und Kindersitze.
- Gewöhnen Sie die Kinder von Anfang an daran, sich im Auto nur angeschnallt wohl zu fühlen.
- Schalten Sie die Kindersicherungen an den Türschlössern oder die Zentralverriegelung ein, vor allem wenn Sie Kleinkinder im Auto haben.
- Der im Lenkrad eingebaute Luftsack (Airbag), der sich bei einem Aufprall automatisch aufbläst und den Lenker vor Gesichtsverletzungen schützt (siehe Kapitel «Kauf und Verkauf» Seite 48), ist ein noch teures Extra, das aber im Falle eines Falles nützlich ist.

Fit am Steuer

Auch wenn Sie nicht unter dem Einfluss von Alkohol oder Medikamenten stehen und auch nicht unbedingt übermüdet sind, Ihre Fahrfähigkeit lässt bei längeren Fahrten nach. Jeder Lenker kennt das Gefühl einer gewissen Trance, die vom endlos rollenden Strassenband ausgeht. Diese Erscheinung tritt vor allem bei Autobahnfahrten auf und ist hier wegen der hohen Geschwindigkeiten besonderers gefährlich. Das beste Rezept dagegen sind regelmässige Pausen von etwa einer Viertelstunde wenigstens alle zwei Stunden, verbunden mit körperlicher Bewegung. Eine grosszügige Zeitplanung für die Fahrt ermöglicht dies am besten. Mit Unterhaltung – ab Radio, Tonband oder CD oder mit den übrigen Passagieren – halten Sie sich besser wach. Allerdings kann Musik auch einschläfernd wirken.

Tips:

- Nehmen Sie sich genügend Zeit für die Fahrt; setzen Sie sich vor allem für lange Fahrten bei hohen Aussentemperaturen (Ferienreise) ausgeruht und unbelastet von kurz vorher genossenen schweren Mahlzeiten ans Steuer.

- Bemühen Sie sich um gute Laune im Auto, wozu vor allem Kinder genügend Bewegungsraum sowie ein Angebot an ungefährlichen Spielen (beispielsweise «Ich sehe etwas, das du nicht siehst») haben müssen.

- Sorgen Sie für gute Durchlüftung (Sauerstoffzufuhr) und unterlassen Sie das Rauchen, wenn dies andere belästigt.

- Legen Sie wenigstens alle zwei Stunden eine Pause von 10 bis 15 Minuten ein. Bewegung und tiefes Durchatmen in guter Luft (Seilhüpfen, Kniebeugen usw.) schaffen neue Reserven.

- Bedenken Sie, dass Sie nachts viel rascher ermüden. Vermeiden Sie deshalb bei Nachtfahrten Störungen durch verschmutzte Scheiben, Brillengläser oder Scheinwerfer besonders.

Vorsicht bei Alkohol und Medikamenten

«Wer angetrunken, übermüdet oder sonst nicht fahrfähig ist, darf kein Fahrzeug führen», besagt der zweite Absatz des Artikels 31 des Strassenverkehrsgesetzes kurz und knapp. Unter diese Bestimmung fallen neben dem allseits bekannten Alkohol («Wer fährt, trinkt nicht, wer trinkt, fährt nicht») auch Medikamente, deren Wirkung oft unterschätzt wird.

Alkohol: Als bekannt darf die Grenze von 0,8 Gewichtspromillen Alkohol im Blut vorausgesetzt werden. Wer bei einer Blutprobe diesen Wert überschreitet, macht sich auf jeden Fall strafbar, auch wenn kein Unfall passiert. Dafür sieht Artikel 91 des Strassenverkehrsgesetzes Gefängnis und/oder Busse vor; ausserdem kann der Fahrausweis entzogen werden (siehe Kapitel «Im Räderwerk der Gesetze» Seite 165). Bei Unfällen mit Alkohol wird überdies durchwegs auf Grobfahrlässigkeit erkannt, was massive Kürzungen der Versicherungsleistungen bis zu 50 Prozent zur Folge hat. Es ist nicht übertrieben zu sagen, dass das berühmte Gläschen zuviel ganze Existenzen ruinieren kann – von verletzten oder getöteten Menschen ganz abgesehen.

Weniger bekannt ist indes, dass bereits geringere Alkoholmengen als 0,8 Promille – vor allem zusammen mit grosser Hitze oder Medikamenten – zu einer Beeinträchtigung der Fahrfähigkeit führen und deshalb strafbar sein können. Alkohol wirkt sich schon ab geringen Mengen negativ auf die Aufmerksamkeit, die Reaktionsfähigkeit, das Sehvermögen (besonders in der Dämmerung) und die Farbsichtigkeit (Rot-Grün-Sehen) aus. Da die Wirkung des Alkohols vom Körpergewicht, von der Konsumationszeit und auch davon abhängig ist, ob man gleichzeitig etwas isst, gibt es nur Faustregeln:

- Am besten ist es, auf Alkohol generell zu verzichten, wenn man anschliessend wieder ans Steuer muss.
- Im zweitbesten Fall beschränke man sich auf ein Glas alkoholische Getränke pro Stunde; Schnaps sollte es allerdings nicht enthalten.

Am Stammtisch werden gelegentlich Mittelchen angepriesen, die einen angeblich rasch wieder nüchtern machen. Es ist medizinisch erwiesen, dass kein Medikament der Welt die Leber dazu bringen kann, den Alkohol rascher als etwa um 0,1 bis 0,15 Promille pro Stunde abzubauen. Kaffee führt wegen seiner Wirkung auf das Zentralnervensystem vielmehr zu einer Scheinnüchternheit, die eher noch gefährlicher ist, da der Alkohol trotzdem weiterwirkt. Fruchtzucker, Glukose oder Vitamine können, müssen aber nicht, zu einer geringen Senkung des Blutalkoholspiegels führen; auf die verminderte Reaktionsfähigkeit haben auch sie keinen Einfluss.

Andere Länder, andere Vorschriften

Die «Schallgrenze» von 0,8 Promillen Alkohol im Blut ist keineswegs in ganz Europa identisch. Folgende Länder haben den selben Grenzwert (Stand 1991): Belgien, Bundesrepublik Deutschland (ehemals Westdeutschland), Dänemark, Frankreich, Grossbritannien, Irland, Italien, Luxemburg, Österreich, Spanien. Bereits bei 0,5 Promillen ist man in Finnland, Griechenland, Holland, Island, Jugoslawien, Norwegen und Portugal über dem Limit. Den Grenzwert von 0,2 Promillen kennt Schweden. Und im Gebiet der ehemaligen Deutschen Demokratischen Republik gilt trotz Wiedervereinigung weiterhin der 0,0-Promille-Wert, der auch in Bulgarien, Polen, Rumänien, der Tschechoslowakei, Ungarn und der Sowjetunion angewendet wird.

Unterschiedlich ist auch die Bestrafung, die von bescheidenen Bussen bis zu empfindlichen Haftstrafen reichen kann. Als Faustregel kann man davon ausgehen, dass die Strafen um so härter sind, je tiefer die Grenzwerte festgelegt wurden. Doch keine Regel ohne Ausnahme: Wer in Grossbritannien über dem Limit erwischt wird, hat mit einer Busse von wenigstens 200 Pfund (rund 500 Franken) und mindestens einem Jahr Fahrausweisentzug zu rechnen.

Medikamente sind im allgemeinen wirksame Mittel zur Heilung und/oder gegen die unangenehmen Nebenwirkungen der verschiedensten Störungen des Wohlbefindens. Ob Grippe- oder Schmerzmittel, Psychopharmaka, Schlaf- oder Aufputschdrogen – immer findet eine chemische Einflussnahme auf den Körper, oft auf das Zentralnervensystem statt.

Mit einer Beeinflussung von Aufmerksamkeit, Reaktions- und Sehvermögen, die für das Autofahren besonders wichtig sind, muss deshalb fast immer gerechnet werden, wobei die eingenommenen Quantitäten von grosser Bedeutung sind. Eine wenig beachtete Gefährdung kann auch von jenen Tropfen ausgehen, die der Augenarzt bei der Kontrolle in die Sehorgane träufelt: Da sie die Pupillen erweitern, ist anschliessend die Umstellung der Augen von Hell auf Dunkel (Einfahrt in Tunnels) stark reduziert.

Psychopharmaka («Seelentröster») sind ursprünglich für psychisch Kranke entwickelt worden. Viele gesunde Menschen nehmen sie aber heutzutage ein, um den Sorgen und der Hektik des Alltags zu entfliehen. Bedenken Sie, dass die beruhigende Wirkung beim Autofahren dazu führen kann, dass die erforderliche Aufmerksamkeit einer Gleichgültigkeit weicht und die Reaktionszeit erheblich verlängert wird.

Schlafmittel und Medikamente gegen hohen Blutdruck können die Konzentrationsfähigkeit beeinflussen – manchmal auch lange in den folgenden Tag hinein, indem sie Wahrnehmungsprozesse und Reaktionsabläufe verlangsamen.

Anderseits steigern Weck- und Aufputschmittel die Aktivität und führen zum rasanten Fahrstil, zur ungenauen Beobachtung und zu Koordinationsstörungen. Das subjektiv bessere Befinden nach der Einnahme von «Muntermachern» täuscht über die eingeschränkte Fahrtüchtigkeit hinweg und ist deshalb besonders gefährlich. Wer übermüdet oder erschöpft ist, sollte unbedingt auf das Fahren verzichten.

Tips:

- Da der Körper lediglich 0,1 bis 0,15 Promille Alkohol pro Stunde abbaut, ist es möglich, dass Sie nach einem durchzechten Abend und kurzem Schlaf immer noch zu viel Alkohol im Blut haben (erkennbar an den Kater-Symptomen).
- Fragen Sie den Arzt oder Zahnarzt, wenn er Ihnen Medikamente, Spritzen oder lokale Betäubungsmittel verabreicht, ob diese Ihre Fahrtüchtigkeit beeinträchtigen können.
- Setzen Sie Medikamente generell zurückhaltend ein, namentlich wenn Sie grössere Strecken zu fahren haben.
- Lesen Sie bei Selbstmedikamentation die Beipackzettel der Arzneimittelhersteller aufmerksam durch.
- Auch als harmlos eingeschätzte, rezeptfrei erhältliche Medikamente können die Fahrtauglichkeit reduzieren, nicht zuletzt wenn man die empfohlenen Mengen überschreitet.
- Viele Medikamente führen vor allem in Kombination bereits mit kleinsten Mengen Alkohol zu Nebenwirkungen, die unter den Artikel 31, Absatz 2 SVG fallen.
- Bedenken Sie, dass Hausmittelchen oft einen hohen Alkoholgehalt aufweisen.
- Nehmen Sie ein Taxi oder ein öffentliches Transportmittel, sobald Sie Zweifel an Ihrer Fahrfähigkeit haben. Wenn Sie beim Taxiunternehmen ein «Tandem» bestellen, kommen zwei Chauffeure in einem Taxi, von denen einer Ihr Auto heimbringt.
- Strafbar machen können sich neben dem Lenker, der zuviel «intus» hat, auch seine Trinkkumpane: Es gibt mehrere Gerichtsurteile, die das Spendieren von Runden an jemanden, der noch fahren muss, als strafbare Gehilfenschaft zum Tatbestand des «Fahrens in angetrunkenem Zustand» (FiaZ) qualifiziert haben. Dies sogar dann, wenn sich die Zechbrüder nach dem Gelage selbst nicht ins Auto des Fehlbaren setzten!
- Mit Leistungskürzungen der Unfallversicherung muss rechnen, wer sich ins Auto eines Lenkers setzt, der wegen Alkohol oder

aus anderen Gründen nicht fahrtüchtig ist. Ein solches Verhalten sei grobfahrlässig, befand das Bundesgericht.

Schnell und gefährlich: die Autobahn

Autobahnen sind richtungsgetrennte Höchstleistungsstrassen, die in jeder Fahrtrichtung wenigstens zwei Spuren sowie die Standspur (Pannenstreifen) anbieten. Die *Minimalgeschwindigkeit* beträgt 60 Stundenkilometer; Fahrzeuge, die dieses Tempo nicht erreichen können oder dürfen, sind auf der Autobahn verboten. Die *Höchstgeschwindigkeit* für Personenwagen ist in der Schweiz (Stand 1991) auf 120 Stundenkilometer beschränkt; ausser der Bundesrepublik Deutschland (Beschränkung in Diskussion) haben alle europäischen Staaten ähnliche Limiten.

Auf Autobahnen werden Durchschnittsgeschwindigkeiten gefahren, die für die Grosszahl der Personenwagen in der Nähe ihrer Spitzengeschwindigkeit liegen. So wie sich der Luftwiderstand nicht nur parallel, sondern im Quadrat zum Tempo erhöht, nimmt auch das Gefahrenpotential, nicht aber unbedingt die Aufmerksamkeit exponentiell zu: Der Reaktions- und Bremsweg ist länger, die Unfälle entsprechend schwerer. Auffahrkollisionen mit Dutzenden von Fahrzeugen sind durchaus nicht selten. Alles, was für das sichere Fahren auf normalen Strassen gilt, ist deshalb für Autobahnfahrten gewissermassen doppelt zu unterstreichen: Rücksicht nehmen, Abstand halten, keine abrupten Manöver, Verkehrsregeln beachten.

Tips:

● Beim Einfahren auf die Autobahn beschleunigen und sich so in den Verkehrsfluss einordnen, dass die übrigen Verkehrsteilnehmer (sie haben Vortritt) nicht behindert werden.

- Auf keinen Fall auf der Beschleunigungsspur abbremsen; notfalls auf dem Pannenstreifen weiterbeschleunigen und später einfädeln.

- Helfen Sie den auf die Autobahn einbiegenden Verkehrsteilnehmern, indem Sie mit der nötigen Vorsicht (Blick zurück) auf die Überholspur wechseln oder eine Lücke freilassen und entsprechende Hand- oder Lichthupe-Zeichen geben.

- Halten Sie sich an die Höchstgeschwindigkeiten; denken Sie aber auch daran, dass auf nasser Fahrbahn schon ab 80 Stundenkilometern Aquaplaning auftreten kann.

- Wenn Sie ein anderes Fahrzeug abschleppen, müssen Sie die Autobahn bei der nächsten Ausfahrt verlassen.

- Achten Sie darauf, dass Sie genügend Treibstoff im Tank haben; es gibt Kantone, in denen Sie eine Busse riskieren, wenn Ihnen auf der Autobahn das Benzin ausgeht.

- Falls Ihnen die Minimalgeschwindigkeit von 60 Stundenkilometern nicht sicher erscheint (Schnee, Eis, Nebel), müssen Sie die Autobahn verlassen.

- Halten Sie genügend Abstand: Merken Sie sich zu diesem Zweck einen Fixpunkt am Strassenrand (Pfosten, Signal, Brücke). Vom Moment an, in dem das Fahrzeug vor Ihnen diese Marke passiert, zählen Sie zwei Sekunden ab («ein-und-zwanzig...zwei-und-zwan-zig»). Der Abstand ist genügend, wenn Sie in dieser Zeit den Fixpunkt noch nicht passiert haben.

- Fahren Sie ausser zum Überholen auf der am weitesten rechts liegenden Fahrspur.

- Zum Überholen Blick in die Innen- und Aussen-Rückspiegel sowie *unbedingt* über die Schulter in jenen Bereich, in dem die Rückspiegel den gefürchteten «toten Winkel» haben.

- Fahren Sie nur beim Überholen und mit entsprechender Vorsicht im toten Winkel des Fahrzeugs schräg vor Ihnen.

- Der Pannenstreifen ist nicht für das Einnehmen von Picknicks da. Sie dürfen darauf nur anhalten, wenn es nötig ist. Dauert der Halt länger, stellen Sie das Pannendreieck wenigstens 150 Meter hinter dem Fahrzeug auf dem Pannenstreifen auf.

- Falls Sie vor sich das Ende eines Staus sehen: die Warnblinkanlage einstellen (viele Auto- und vor allem Lastwagenfahrer sind nach langen Fahrten unaufmerksam) und verlangsamen.
- Bei einem Stau mit wenigstens 20 Metern Abstand zum Fahrzeug vor Ihnen anhalten, damit Sie bei einem Auffahrunfall nicht eingekeilt werden.
- Den nachfolgenden Verkehr genau beobachten und notfalls auf den Pannenstreifen ausweichen, wenn ein offensichtlich ungebremstes Fahrzeug (Laster!) naht. Motor erst abstellen, wenn Sie sicher sind.
- Bei Stau zwischen Normal- und Überholspur eine Gasse für Polizei und Sanität offen lassen.
- Betätigen Sie beim Ausfahren von der Autobahn den Blinker rechtzeitig und verlangsamen Sie die Fahrt auf der Verzögerungsspur auf höchstens 60 Stundenkilometer (Tacho-Kontrolle; das Gefühl trügt).

Schwertransport per PW

Die gebräuchlichen PWs sind nicht nur für den Personentransport, sondern auch für das Befördern von Lasten geeignet – in unterschiedlichem Mass allerdings. Der Fahrzeugausweis gibt Auskunft darüber, für welche Nutzlast Ihr Auto samt Insassen zugelassen ist und wieviel auf dem Dach transportiert werden darf (Faustregel: knapp zehn Prozent des Leergewichts). Halten Sie sich an diese Limiten; sie sind aus Sicherheitsgründen so bemessen und verhindern übermässigen Verschleiss von Karosserie, Chassis, Stossdämpfern usw. Möglichst gering halten sollten Sie die Zuladung aber vor allem aus Umweltschutzgründen:

- Nach neuesten Erkenntnissen braucht man für die Beförderung von 100 Kilo Ballast über 100 Kilometer ungefähr 0,7 Liter Treibstoff. Für jedes Kilo unnötiges Gewicht im Auto müssen

Sie deshalb bei einer Fahrleistung von 15 000 Kilometern im Jahr mit einem sinnlos ausgegebenen Franken rechnen. Oder anders: Würden alle Automobilisten der Schweiz zehn Kilo weniger im Auto spazierenfahren, liessen sich im Jahr 45 Millionen Liter Treibstoff sparen! Hinzu käme ein geringerer Verschleiss von Reifen, Bremsen, Stossdämpfern usw.

● Dachträger für Surfbretter, Velos, Skis oder Gepäck erhöhen, vor allem bei hohen Tempi (Autobahn), den Luftwiderstand gewaltig (im Quadrat zur Geschwindigkeit) und den Treibstoffverbrauch ohne weiteres um 20 bis 30 Prozent! Zudem verlagert sich der Schwerpunkt des Autos bei Dachlasten nach oben, was die Bodenhaftung beim Kurvenfahren verringert. Dachträger sind deshalb nur bei Bedarf zu montieren.

Das Auto als Zugpferd

Personenwagen lassen sich auch als Zugfahrzeug für Wohnwagen oder Anhänger verwenden. Zu diesem Zweck sollten sie allerdings über einen genügend starken Motor und eine vorschriftskonforme Anhängevorrichtung verfügen. Schnelle und nervöse Wagen eignen sich weniger als Autos mit niedertourigen und elastischen Motoren (Diesel). Der Garagist kann Sie auch beraten, welche Getriebeart und -abstufung für Anhängerbetrieb besonders geeignet ist. Notwendig sind auch zwei Aussenrückspiegel, die gleichzeitig als Profilanzeiger für den Anhänger dienen, der bis zu 2,10 Meter breit sein darf. Zwar werden auch Profilanzeiger an den Kotflügeln in Kombination mit Rückspiegeln an den Türen zugelassen; die erstgenannte Lösung ist indes praktischer und deshalb vorzuziehen. Der Treibstoffverbrauch bei Fahrten mit Anhänger kann bald einmal 20 bis 30 Prozent höher sein. Schuld daran ist nicht nur das Gewicht, sondern vor allem auch der Luftwiderstand. Bereits bei der Auswahl des Anhängers kann diesem Punkt entsprechende Beachtung geschenkt werden. Spezielle Dachspoiler reduzieren den Luftwiderstand und damit den Treibstoffverbrauch erheblich.

Tips:

- Der Motor des Zugfahrzeugs sollte nicht unter 1600 Kubikzentimeter haben, empfohlen sind wenigstens zwei Liter Hubraum.
- Nehmen Sie sich ganz besonders viel Zeit für die Fahrt mit Anhänger, da diese fürs Auto und für Sie anstrengender ist.
- Bedenken Sie bei Gespannfahrten, dass Sie es in der Regel nicht gewohnt sind, derart belastet zu fahren: Beschleunigungs-, Überhol- und Bremswege sind länger, der Abstand zu überholten Verkehrsteilnehmern muss grösser sein, Kurven müssen weiter genommen werden, Rückwärtsfahren will gelernt sein, und Seitenwinde können sich überraschend auswirken.
- Machen Sie von Zeit zu Zeit Platz, wenn Sie merken, dass Sie den nachfolgenden Verkehr aufhalten.
- Vermeiden Sie Stadt- oder Passfahrten im Spitzenverkehr.
- Absolvieren Sie nach Möglichkeit einen speziellen Kurs über den Umgang mit dem Gespann.

Mit dem Auto in die Ferien

Lange und sehr lange Fahrten in die Ferien mit voll beladenem Auto (Höchstgewicht laut Fahrzeugausweis beachten!) bei meist höheren Temperaturen sind für Fahrzeug und Insassen eine besondere Belastung. Sie wollen mit dem Auto ja nicht nur hin-, sondern zum Schluss auch heil wieder zurückkommen. Der vorgängige Ferien-Check durch die Garage – auch wenn das normale Service-Intervall noch nicht erreicht ist – ist deshalb von hohem Nutzen. Melden Sie sich dafür rechtzeitig an, da Sie mit Sicherheit nicht der einzige sind, der diese Kontrolle kurz vor den Ferien beansprucht.

Überlegen Sie sorgfältig, was Sie benötigen und was nicht. Jedes unnötig herumgefahrene Kilo Gewicht verursacht unnötigen Mehrverbrauch von Treibstoff, verschleisst das Fahrzeug, nimmt

Platz weg, den die Insassen gerne hätten, und versperrt allenfalls die Sicht nach hinten. Beladen Sie das Auto so, dass schwere Gepäckstücke tief liegen und nicht verrutschen können. Denken Sie daran, dass sich Kinder im Auto leicht langweilen und quengelig werden; Spielsachen, Wort- und Singspiele sorgen für Abwechslung.

Die Verkehrsverbände TCS, VCS, ACS usw. (siehe Seite 139) offerieren gegen Unbill im Ausland sogenannte Schutzbriefe zu unterschiedlichen Preisen und mit höchst unterschiedlichen Leistungen. Auch private Versicherungen führen ähnliche Angebote. Während der Schutzbrief des einen Clubs nur den versicherten Lenker am Steuer des versicherten Autos schützt, dehnen andere Organisationen den Schutz auch auf die übrigen Familienangehörigen, auf andere Fahrzeuge sowie auf Reisen mit öffentlichen Verkehrsmitteln aus. Praktisch jede einzelne Leistung wird von den verschiedenen Schutzbriefen und Versicherungen unterschiedlich behandelt: Gar keine Hilfe, Kostenvorschuss, limitierte oder unbegrenzte Kostenübernahme lauten in etwa die Abstufungen. Wägen Sie das Pannenrisiko sowie die Leistungen der einzelnen Schutzbriefe oder Versicherungen sorgfältig gegeneinander ab, ehe Sie sich entscheiden. Wenn Sie über Jahre hinweg immer wieder ins Ausland fahren – versichert sind übrigens auch Geschäftsfahrten –, sind Schutzbrief- oder Versicherungsabschlüsse mit Rabatt günstiger.

In den jüngsten Jahren mehren sich Meldungen von immer dreisteren Diebstahlsversuchen in bestimmten ausländischen Staaten und an gewissen Strecken. Vor allem Italien (Autobahnen) und Spanien – hier die Strecke ab der französischen Grenze bis Barcelona – haben diesbezüglich eine unerfreuliche Berühmtheit erlangt. Aus dem Trickrepertoire der wenig ehrenwerten Herrschaften, die es auf Wertsachen und teure Autos abgesehen haben, hier einige Müsterchen:

- Auf dem Autobahn-Rastplatz fragt Sie ein unauffällig aussehender Herr nach der kürzesten Route nach X und breitet auch gleich eine Landkarte über Kühlerhaube und Windschutzscheibe aus. Und während Sie das Strassennetz studieren, räumt ein Komplize Ihr Auto aus.

- Sie sitzen beim Tanken im Auto. Der Zähler an der Benzinsäule gibt eine wahrscheinliche Zahl an, Sie bezahlen, fahren weg – und meinen, Ihre Benzinuhr sei defekt, weil sie auf Null stehen bleibt. Tatsächlich aber ist der Treibstoff über einen versteckten Kanal in den Tankstellentank zurückgeflossen.

- Panne am Strassenrand, aufgeregte Menschen winken. Während Sie helfen wollen, entwendet jemand Ihr Auto, da Sie in der Aufregung die Schlüssel stecken liessen.

- Zwar haben Sie Ihr parkiertes Auto sorgfältig abgeschlossen, aber das hindert ausgerüstete Diebesbanden nicht, das Fahrzeug zu knacken und buchstäblich über Nacht neu gespritzt und mit gefälschten Papieren Richtung Orient zu verschieben.

- Oder Sie finden zwar Ihr Auto am Morgen noch, aber statt auf Rädern steht es auf Backsteinen. Mit grosser Wahrscheinlichkeit wird Ihnen nach kurzer Zeit ein Strassenjunge zuraunen, wo Sie Ihre eigenen Räder wieder zurückkaufen können.

Meide den Stau – oder mach das Beste draus

In sechs schweizerischen Verkehrspolizeikorps gibt's Verkehrsmeldezentralen. Sie sind regional verteilt – die Luzerner zum Beispiel betreuen auch noch die Tessiner Autobahn. Die Meldungen und Prognosen werden je nach Dringlichkeit direkt ans Radio weitergegeben oder in Zürich gesammelt und Zeitungen, Radio, Fernsehen und Teletext zugeleitet.

Sich rechtzeitig informieren spart viel Stress. Korporal Hans O. lobt das kantonale Strasseninspektorat Luzern: «Die achten sehr darauf, dass während der Ferienzeit keine überflüssigen Baustellen eingerichtet werden.» Und wenn man schon mal ein paar Viertelstunden steckengeblieben ist, meint Polizist Paul A., «dann sollte man sich wenigstens beherrschen und nicht versuchen, die versäumte Zeit mit Tempo 200 wieder einzuholen!»

«Nicht die Dinge an sich stressen uns, sondern was wir daraus machen», gibt der Leiter des Psychologischen Instituts der Universität Basel zu bedenken. «Etwas Gymnastik, ein paar Atemübungen, das bringt doch mehr, als sich zu nerven. Oder mentales Training: Betrachten Sie eine lästige Baustelle einfach nicht als Hindernis, sondern als ein Zeichen dafür, dass hier etwas Neues entsteht. Überlegen Sie sich, welche Arbeiten da ausgeführt werden, bis Sie wieder weiterfahren können.» Und dann kann man sich seine rollende Stube auch schlauer einrichten. Eine Kühlbox mit gesunden Fruchtsäften statt bloss ein Plastiksack mit lauwarmen Bierdosen. Ein paar Sachen, mit denen man die Kinder beschäftigen kann, Kassetten, um ein paar Sprachbrocken zu lernen. Und die Ruhe aufbringen, sich einfach mal zwei, drei Stunden am nächsten Waldrand in den Schatten zu legen. Denn schon der Sprachgebrauch erklärt's: Man ärgert *sich* ja eben immer selber, also kann man sich genausogut auch heitere Gelassenheit selber antrainieren.

Tips:

- Überlegen Sie sich genau, ob die Ferienreise nicht günstiger und stressfreier per Bahn oder Flugzeug absolviert wird. Selbst wenn Sie am Urlaubsort ein kleines Auto mieten, kann dies günstiger kommen, als die auch noch mit Gefahren verbundene Fahrt im eigenen Fahrzeug.
- Lassen Sie in der Garage Stossdämpfer, Lenkung, Bremsen, Heizung, Lüftung und Keilriemenspannung überprüfen. Zudem muss Öl gewechselt, Kühl- und Scheibenwischerwasser nachgefüllt werden. Das Reifenprofil (auch beim Reserverad) muss ausreichende vier Millimeter betragen. Und die Scheibenwischergummis sind wahrscheinlich ohnehin zu ersetzen.
- Die normale Ausrüstung mit Werkzeug, Starterkabel und Abschleppseil sollte durch eine Erste-Hilfe-Apotheke und einen Liter Motorenöl ergänzt werden.
- Ein Reservekanister kann gute Dienste leisten, ist aber nicht in allen Ländern erlaubt oder auf zehn Liter Treibstoff beschränkt.

- Erhöhen Sie den Reifendruck bei kalten Reifen auf zehn Prozent über der Empfehlung des Herstellers.
- Kleiden Sie sich für die Fahrt leicht (Naturfasern) und nicht einengend. Leichte Snacks oder Getränke halten unterwegs munter.
- Halten Sie die Fahrzeugpapiere und Reisedokumente griffbereit (zum Beispiel im Handschuhfach), damit Sie an der Grenze nicht lange danach suchen müssen.
- Wählen Sie eine Route, die statt öder Autobahnperspektiven auch interessante Aussichten gewährt; die Reise wird dadurch abwechslungsreicher und weniger als Belastung empfunden.
- Mit geeignet gewählten Reisezeiten – Wochenende vermeiden – und etwas Glück können Sie Verkehrsspitzen oder gar Staus umgehen.
- Besorgen Sie sich für kleine Ausgaben (Kaffee unterwegs, Autobahngebühren usw.) etwas Landeswährung in Münzen oder kleinen Scheinen.
- Halten Sie sich fit (siehe Seite 115) und legen Sie spätestens nach neun Stunden Fahrt auf jeden Fall eine Schlafpause ein.
- Mit Nachtfahrten lassen sich Staus und grosse Hitze meist vermeiden; anderseits ermüden Sie rascher, und kleinere Grenzübergänge sind nachts oft geschlossen.
- Gewöhnen Sie sich vor allem im Ausland eine gesunde Portion Misstrauen vor Gaunern aller Art an, die versuchen, Ihre Hilfsbereitschaft, Ihre Nachlässigkeit oder Ihr Vertrauen auszunützen.

Sicher durch den Winter

Tiefe Temperaturen sowie rutschige Strassen (feuchtes Laub, Schnee und Eis) stellen erhöhte Anforderungen an Auto und Lenker. Dennoch ist es jedes Jahr erstaunlich, am ersten Schneetag des

beginnenden Winters die vielen Auffahrkollisionen und die Warte-
schlangen für Winterpneus und Frostschutz vor den Garagen zu
sehen. Das muss nicht sein. Rechtzeitige Vorbereitung auf die kalte
Jahreszeit und Beachtung der Wettervorhersage helfen unliebsame
Überraschungen vermeiden.

Moderne Autos sind an sich wintertüchtig und benötigen keine
eigentlichen Umstellarbeiten. Wegen der niedrigeren Temperaturen, vermehrter Nässe und Streusalz ist es jedoch sinnvoll, gewisse
Unterhaltsarbeiten vorzuziehen:

- Beheben Sie kleine Steinschlag- und Parkschäden an der gereinigten Karosserie mit Tupflack und schützen Sie anschliessend
  die Aussenhaut Ihres Autos mit Hartwachs.

- Dichtgummis an Türen und Kofferraumdeckel frieren weniger
  an, wenn sie mit Glyzerin oder Silikonöl eingerieben werden.

- Bei Temperaturen unter Null verhindert ein Aufstellen der
  Scheibenwischer, dass sie an den Scheiben anfrieren.

- Gummimatten schützen die Teppiche von Dauernässe durch
  nasse und schneebedeckte Schuhe.

- Altersschwache Batterien überprüfen und notfalls ersetzen.

- Die Beleuchtung wird noch wichtiger, wobei Glühlampen ohne
  Vorwarnung ausfallen. Man kann indes beim Auswechseln
  auch den Zustand der anderen Lampen im selben Gehäuse
  überprüfen. Ist das Lampenglas schwarz oder silbrig gefärbt,
  sollten die Glühbirnen gleich mit ausgewechselt werden.

- Weshalb nicht Abblendlicht und Scheinwerfer wieder einmal
  frisch nachstellen lassen? Sie erhalten bessere Sicht und laufen
  weniger Gefahr, andere zu blenden.

- Gute Scheibenwischer verhelfen zu guter Sicht: Wischerblätter
  ersetzen.

- Schiefziehende Bremsen sind auf glatter Strasse besonders
  gefährlich: Kontrollieren und allenfalls reparieren lassen!

- Winterreifen sind nicht ausdrücklich vorgeschrieben, zur Einhaltung der allgemeinen SVG-Bestimmungen (Betriebssicherheit, keine Behinderungen für andere Verkehrsteilnehmer)
  aber empfohlen. Die Profiltiefe muss wenigstens vier Millime-

ter betragen. Gute Sommer- oder Alljahres-Reifen (ebenfalls mindestens vier Millimeter Profil) können im schweizerischen Mittelland durchaus auch im Winter genügen, für plötzlichen Schneefall sollte man aber mit Schneeketten ausgerüstet sein.

● Üben Sie das Montieren der Schneeketten wenigstens einmal in der Garage, damit Sie die Gebrauchsanweisung nicht mit verglimmender Taschenlampe im Schneegestöber entziffern und den Kettensalat im Tiefschnee entwirren müssen.

● Die Verwendung von Spikes-Reifen ist grundsätzlich von Anfang November bis Ende März und bei einer Höchstgeschwindigkeit von 80 Stundenkilometern (Fahrverbot auf Autobahnen) gestattet. Sie müssen auf allen vier Rädern montiert werden. Sie sind indes nur auf Eis von Nutzen und verursachen auf trockener oder nasser Fahrbahn im Gegenteil einen längeren Bremsweg.

● Zur Winterausrüstung gehören auch Eiskratzer, Schneebesen, Campingschaufel sowie Streusand.

Für die Fahrt auf rutschiger Strasse ist höchste Vorsicht angesagt: Hektische Beschleunigungs-, Brems- oder Lenkmanöver können leicht zum Ausbrechen des Autos führen. Mit durchdrehenden oder rutschenden Rädern haben Sie keine Kontrolle mehr über das Fahrzeug. Nehmen Sie sich mehr Zeit als üblich und behandeln Sie Lenkung und Pedale besonders sanft.

Wenig bekannt ist auch, dass grosse Kälte im Auto die Reaktionszeit des Lenkers bis auf das Doppelte verlängern kann. Gemäss Untersuchungen des österreichischen Autoclubs ÖAMTC reduziert sich die Leistungsfähigkeit eines Autofahrers um ein Fünftel, wenn die Temperatur im Auto von 21°C (Idealwert) auf 10°C absinkt.

Bei extrem tiefen Temperaturen von weniger als etwa minus 18°C kann Dieselöl «gefrieren», das heisst, es wird so zähflüssig, dass es nicht mehr durch die Leitungen fliesst. Beheizte Filter und allenfalls auch Zuleitungen helfen, dieses unangenehme Phänomen zu verhindern. Sollte es trotzdem auftreten, lässt sich Diesel mit dem Zusatz von Benzin oder Petrol wieder zum Fliessen bringen. Dabei sind allerdings die Herstellerangaben genau zu beachten, da zuviel Benzin im Dieselbetrieb schädlich ist (vor allem die Schmierwirkung des Diesels wird reduziert). Mehr als 30 Prozent Benzin oder Petrol sollte man jedenfalls nicht zugeben. Vom Feuerchen unter dem Dieselfahrzeug, wie man es bei ausländischen Lastwagenchauffeuren sehen kann, ist abzuraten.

Tips:

- Ziehen Sie sich warm an, aber behindern Sie sich nicht durch schwere Mäntel und Schuhe.
- Gefährlich ist Glatteis bei Temperaturen in der Nähe des Gefrierpunkts: Die beim Rollen oder Gleiten der Räder entstehende Schmelzwasserschicht wirkt wie ein Schmiermittel.
- Wenn bei Ihnen zu Hause die Temperatur noch über Null ist, kann sie in exponierten Lagen ohne weiteres bereits unter dem Gefrierpunkt liegen.
- Legen Sie zuschaltbaren Vierradantrieb frühzeitig ein.
- Fahren Sie ganz zart an, wenn möglich im zweiten Gang.
- Beschleunigen Sie ebenfalls langsam und vorsichtig. Schalten Sie besonders fein, um jeden Ruck zu vermeiden.
- Halten Sie grosszügigen Abstand zu den anderen Fahrzeugen.
- Vermeiden Sie das Kumulieren von Riskofaktoren wie gleichzeitiges Bremsen und Steuern oder Beschleunigen und Steuern.
- Versuchen Sie, jedes Anfahren in Steigungen durch vorausschauende Fahrweise zu vermeiden.
- Die Räder blockieren weniger leicht, wenn Sie zum Verlangsamen nach Möglichkeit die Bremskraft des Motors einsetzen.
- Verlangsamen Sie die Fahrt vor Kurven noch mehr als üblich; in Kurven lässt sich der Wagen kaum mehr bremsen.
- Wenn Sie ins Rutschen geraten: auskuppeln, die Vorderräder in die Richtung bringen, in die Sie gleiten, und vorsichtig und wiederholt versuchen, die Bremse sanft zu betätigen. Wenn die Räder wieder rollen, sanft einkuppeln und weiterfahren.

- Sorgen Sie – allenfalls auch unterwegs – für gute Sicht und Beleuchtung: Scheiben rundum sauber halten, Schnee von der Front- und Heckbeleuchtung sowie von den Blinkern entfernen. Abblendlicht auch tagsüber einschalten.
- Vermeiden Sie, in Spurrillen zu fahren. Ist man mit allen vier Rädern in sie hineingeraten, kommt man kaum mehr heraus und kann dem Gegenverkehr oder Hindernissen nur schwer ausweichen. Am besten fahren Sie rechts versetzt daneben.
- Nachtfahrten bei Schneefall führen wegen der im Abblendlicht tanzenden Schneeflocken und der erforderlichen hohen Konzentration rasch zur Übermüdung.
- Belegen Sie einen Fahr-, Schleuder- oder Winterkurs.

Vorsicht Wildtiere

Der grosszügige Strassenbau der vergangenen Jahrzehnte hat den Lebensraum der Tiere stark eingeschränkt. Trotzdem sind sie (noch) da und kommen mit dem Verkehr in Konflikt: Beispielsweise benötigt eine Kröte eine runde Viertelstunde, um eine sieben Meter breite Strasse zu überqueren, was ihr schon bei mässigem Verkehr kaum eine Überlebenschance lässt. Die meisten Wildtiere sind besonders im Frühling und in der Morgen- und Abenddämmerung aktiv. Wer Achtung vor der Kreatur hat, beachtet Warnschilder, die auf Tiere aufmerksam machen, fährt vorsichtig und mässigt die Geschwindigkeit.

Das Bundesgericht hat verschiedentlich erkannt, dass abruptes Bremsen wegen plötzlich auf die Strasse springender Tiere unter Artikel 12 Absatz 2 der Verkehrsregelverordnung (VRV) fällt, der brüskes Bremsen und Halten «im Notfall» gestattet, selbst wenn ein Fahrzeug nachfolgt. Ein Tier zu überfahren, um ein nachfolgendes Fahrzeug nicht zu gefährden, würde sich laut dem höchsten Schweizer Gericht «nicht mit der Achtung des Menschen für lebende Kreaturen vereinbaren lassen, auch wenn diese von der Rechtsordnung nach wie vor als Sachen behandelt werden». Genügend Abstand ist deshalb auch aus diesem Grund zu empfehlen.

- *Igel* leben oft in ländlichen und stark durchgrünten Siedlungsbereichen und gehen nachts in ihren Streifgebieten auf Nahrungssuche. Über Strassen wechseln Igel meist an Stellen, zu denen Hecken oder Gräben hinführen. Bei Gefahr rollen sie sich zusammen und werden deshalb erst recht überfahren.

- *Frösche und Kröten* leben im Winter eingegraben unter Erde, Laub-, Holz- oder Steinhaufen und erwachen in der Frühlingswärme zur Laichzeit. Vor allem in den Monaten März und April sind sie zu Zehntausenden unterwegs zu den Laichgewässern, meist abends ab 19 Uhr bei Regen und bei Temperaturen zwischen 5,5 und 11,5°C (bei trockenem Wetter muss es etwas wärmer sein). Nach dem Ablaichen ziehen sie in Wälder, Wiesen oder Gärten, wohin ihnen im Juni und Juli die mittlerweile geschlüpften Jungtiere folgen (zwischen 7 und 10 Uhr morgens oder 17 und 20 Uhr abends). Im Scheinwerferlicht erstarren die Amphibien. Mit besser gelegenen Ersatzgewässern, Zäunen und Tunnels versuchen tierfreundliche Menschen, ihnen zu helfen, was leider nicht immer gelingt.

- *Hasen* leben in halboffenen Landschaften, Wiesen, Äckern, Feldgehölzen und sind zur Nahrungssuche, vor allem aber in der Fortpflanzungszeit des Frühlings häufig unterwegs. Sie erkennen die Gefahren, die vom Strassenverkehr ausgehen und überqueren Fahrbahnen vorsichtig oder schrecken von der Überquerung zurück, wenn der Verkehr zu dicht ist.

- *Hirsche, Rehe und Füchse* lassen sich von Vorkehrungen wie Wildwarnspiegeln, Leitpfosten oder Reflexbändern an den Bäumen nicht davon abhalten, die Strassen zu überqueren (vor allem April bis Juni, Oktober und November in den frühen Morgenstunden und in der Dämmerung). Solche Vorrichtungen warnen deshalb zusammen mit entsprechenden Verkehrsschildern in erster Linie aufmerksame Automobilisten. Rehe betreten die Strassen zudem oft in Gruppen hintereinander.

- *Vögel* sind durch den Strassenverkehr ebenfalls gefährdet: Vertrauensselige Stadttauben kommen öfters unter die Räder, und auch Amseln schiessen, von einem herannahenden Auto gestört, auf geringer Höhe über die Strassen und werden gelegentlich von Schnellfahrern erfasst. Greifvögel (Bussarde, Falken usw.) lauern oft an Strassenrändern (vor allem entlang von Autobahnen) auf Beute und können so zu Verkehrsopfern werden.

Keine Panik bei Panne

Das frühere Schreckwort Panne hat heute viel von seiner Bedrohlichkeit verloren: Erstens dürfen die Autos generell als betriebssicherer bezeichnet werden (Ausnahmen bestätigen die Regel), und zweitens überzieht ein dichtes Netz von Garagen und Pannenhilfemöglichkeiten die Schweiz, so dass man kaum lange liegen bleibt.

Zwar sind die heutigen Autos weniger pannenanfällig, man kriegt sie aber auch weniger einfach selbst wieder flott, da eine streikende Elektronik nicht so leicht zu reparieren ist, wie sich ein plattes Rad wechseln lässt. Panne ist deshalb sehr oft gleichbedeutend mit Abschleppdienst. Gegen die finanziellen Folgen gibt's die Pannenhilfeversicherungen, die in den meisten Mitgliederbeiträgen der Automobil-Clubs eingeschlossen sind.

Wenn heutzutage ein Auto seinen Dienst versagt, kann man in der Regel davon ausgehen, dass Wartung oder Bedienung ungenügend waren: Das vergessene Licht und der leergefahrene Tank sind laut Auskunft eines Garagisten die weitaus häufigsten Pannenursachen, der gute alte Plattfuss liegt zusammen mit den eingeschlossenen Schlüsseln mit viel Abstand auf Platz drei.

Wie geht man mit einer ganz oder weitgehend entladenen *Batterie* um? Symptome dafür sind das trübe (oder gänzlich fehlende) Licht und der müde Ton des Anlassers. Wer das Glück hat, sein

Fahrzeug oben an einer abschüssigen Strasse abgestellt zu haben, löst die Handbremse (oder lässt sich anschieben) und legt bei durchgedrückter Kupplung den zweiten oder dritten Gang ein. Hat das motorlos rollende Fahrzeug eine Geschwindigkeit von etwa zehn Stundenkilometern errreicht, kuppelt man sachte ein, worauf der Motor mit mehr oder weniger ungnädigem Stottern anspringen wird. Steht das Auto auf ebener Strasse, kann man sich entweder durch einige kräftige Helfer bis zur erforderlichen Geschwindigkeit anschieben oder durch ein anderes Fahrzeug anschleppen lassen.

Die zweite Methode ist das Überbrücken, wozu die Batteriekraft eines anderen Autos benützt wird. Autos mit automatischem Getriebe lassen sich *nur* auf diese Weise starten, wenn ihre Batterie leer ist. Man stellt das Auto mit intakter Batterie so neben das Pannenfahrzeug, dass sich die Plus- und Minus-Pole der beiden Batterien mit dem Überbrückungskabel miteinander verbinden lassen, und zwar jeweils die gleichen Pole miteinander. Dann startet man den Motor des Hilfsautos, um eine übergrosse Belastung der Batterie zu vermeiden. Erst dann beginnt man, den Anlasser des Pannenfahrzeugs zu betätigen, worauf der Motor in der Regel munter anspringt. Ist kein Fahrzeug mit Überbrückungskabeln in der Nähe und hat man auch selber keine dabei, kann man ein Taxi rufen. Für etwa 20 Franken hilft einem der Fahrer aus der Not.

Achtung: Wenn auch jetzt der Motor wieder läuft, so ist die Batterie doch nach wie vor entladen. Sie muss deshalb entweder an ein Ladegerät angeschlossen oder durch eine Fahrt von *wenigstens 100 Kilometern* wieder auf die erforderliche Leistung gebracht werden. Ist nicht das vergessene Licht schuld an der leeren Batterie, wird anschliessend ein Garagen-Besuch nötig sein, um die Ursache für die Batterieentladung zu suchen und zu beheben.

Tips:

- Sparen Sie nicht am Überbrückungskabel: Die wenigen Franken für diese Entpannungshilfe machen sich fast mit Garantie

innerhalb eines Jahres bezahlt. Bei ungünstigen Strassenver-
hältnissen ist ein längeres Kabel von Vorteil.

● Achten Sie in Autos mit Katalysator darauf, den Benzintank
nicht völlig leer zu fahren, da sonst Luft ins Auspuffsystem
gelangt, die den Katalysator beschädigen und in seiner Wirkung beeinträchtigen kann.

● Wenn Sie ein Rad wechseln müssen: kontrollieren Sie nach
einigen Kilometern Fahrt, ob alle Radschrauben auch wirklich
festsitzen.

● Pannenfahrzeuge dürfen auf der Autobahn nur bis zur nächsten
Ausfahrt geschleppt werden.

Unfälle und Erste Hilfe

Artikel 51 des Strassenverkehrsgesetzes schreibt vor, dass alle Beteiligten an einem Unfall sofort anhalten, «nach Möglichkeit für die
Sicherung des Verkehrs» sorgen und Verletzten Erste Hilfe leisten
müssen. Zudem muss man die Polizei rufen und bei der Feststellung
des Tatbestandes mithelfen, wenn jemand verletzt wurde. Der für
die Erteilung des Fahrausweises erforderliche «Kurs für lebensret-
tende Sofortmassnahmen» (siehe Kapitel «Auch Autofahren will
gelernt sein» Seite 17) sollte alle Verkehrsteilnehmer befähigen, vor
allem der Bestimmung betreffend Erste Hilfe nachleben zu können.
    Sind Sie selbst in einen Unfall verwickelt, bei dem nur Sach-
schaden entstanden ist, muss die Polizei nicht geholt werden (was
oftmals eine Busse erspart). Hingegen ist die Polizei laut SVG beizuziehen, falls es nicht möglich sein sollte, den Geschädigten zu
benachrichten. Schalten Sie die Polizei auch in allen Fällen von
Fahrerflucht sowie bei schweren Parkschäden ein. Und schliesslich
ist in strittigen Fällen der Beizug der Polizei von Vorteil, wie auch
wegen der manchmal ungenügenden Versicherungsdeckung bei
Unfällen mit ausländischen Fahrzeugen.

Für die Unfallerledigung ohne Polizei sollten Sie ein Exemplar des *Europäischen Unfallprotokolls* im Auto haben (bei allen Verkehrsverbänden erhältlich). Zusammen mit dem oder den weiteren am Unfall Beteiligten füllen Sie dieses aus und unterschreiben es. Vermeiden Sie dabei unbedingt, eine Schuldanerkennung zu unterschreiben. Ihre Versicherung behält sich nämlich vor, die Schuldfrage selbst abklären zu lassen, und bezahlt nur die Kosten, die sie laut dieser Abklärung übernehmen muss. Ihre Kopie des Unfallprotokolls senden Sie dann Ihrer Haftpflicht- und allenfalls Kasko- sowie Rechtsschutzversicherung ein, die den Fall für Sie behandeln werden. Dieses Vorgehen ist auch zu wählen, wenn Sie beabsichtigen, den Unfallschaden selbst zu berappen, um den Bonus nicht zu verlieren; die Versicherung gibt Ihnen nach Abschluss des Schadens genügend Zeit, sich über die Art der Bezahlung schlüssig zu werden.

Treffen Sie auf eine Unfallsituation, an der Sie selbst nicht beteiligt sind, müssen Sie in erster Linie dafür sorgen, dass sich keine Folgeunfälle ereignen. Zu diesem Zweck plazieren Sie Ihr Fahrzeug hinter dem ersten Hindernis (Fahrzeuge oder Verletzte), so dass der Unfallplatz abgeschirmt ist, und schalten die Warnblinkanlage ein. Das Pannendreieck stellen Sie anschliessend wenigstens 50, auf schnell befahrenen Strassen 150 Meter (oder vor einer Kurve) weiter rückwärts so am Strassenrand auf, dass der Verkehr nicht behindert wird. Wenn möglich sollten Sie ein zweites Pannendreieck in der Gegenrichtung aufstellen. Bei Nacht oder schlechter Sicht sollte eine Person in dieser Entfernung am Strassenrand durch Auf- und Abwärtsschwenken des Pannendreiecks nachfolgende Fahrzeuge warnen.

Bei der Ersten Hilfe geht es darum, Gefahren für das Leben der Verunfallten zu erkennen und abzuwenden. Wenn Verletzte in ihren Autos eingeklemmt sind, soll nur bei Brandgefahr oder der Möglichkeit von Folgeunfällen versucht werden, sie möglichst schonend zu befreien. Brennt ein Fahrzeug bereits, kann man, geschützt durch nasse Decken und Handschuhe, versuchen, darin eingeschlossene Passagiere zu befreien. Brennende Personen mit Wasser übergiessen, in Decken wickeln und behutsam am Boden wälzen.

Auf Autobahnen gelten alle Vorsichtsmassnahmen wegen der hohen Geschwindigkeiten in besonderem Mass. Noch fahrbare Autos sollte man auf den Pannenstreifen schieben. Pannendreieck noch weiter zurück aufstellen, Verletzte sofort von der Fahrbahn entfernen und diese dann möglichst nicht mehr betreten.

Tips:

- Mit schnellen und geeigneten Hilfeleistungen kann bei Verletzten oft das Schlimmste verhütet werden; zögerndes oder falsches Vorgehen wirkt sich jedoch meist unheilvoll aus.
- Unmittelbare Lebensgefahr durch Ersticken besteht bei Bewusstlosigkeit sowie schwacher, unregelmässiger oder röchelnder Atmung. Lagern wie im Kurs gelernt und beobachten.
- Starke Blutungen, vor allem wenn hellrotes Blut stossweise hervorquillt oder gar -spritzt, sind ebenfalls lebensbedrohend. Druckverband anlegen, eventuell Fingerdruck auf die blutende Stelle.
- Bei Schock (zum Beispiel wegen grossen Blutverlustes, egal ob sichtbar oder nicht) sind die Verletzten flach und ihre Beine hoch zu lagern.
- Besondere Vorsicht ist bei Verdacht auf Rückenverletzungen erforderlich: Werden Rückenverletzte unsachgemäss transportiert, kann dies zu Querschnittlähmungen führen. Am besten flach lagern.

Was die Verkehrsverbände bieten

In der Schweiz gibt es mehrere Organisationen, die sich mit dem Thema Verkehr und vor allem mit dem Auto befassen. Die wichtigsten sind der Touring Club der Schweiz (TCS), der Verkehrs-Club der Schweiz (VCS), der Automobil Club der Schweiz (ACS), der Arbeiter-Touring-Bund der Schweiz (ATB) und der Schweizerische Auto- und Motorradfahrer-Verband (SAM).

Jede dieser Organisationen befasst sich unter einem etwas anders gearteten Gesichtspunkt mit dem Thema (Mitgliederzahlen gelten für das Jahr 1991):

- Der 1896 gegründete TCS ist die mit 1 200 000 Mitgliedern weitaus grösste Verkehrsorganisation der Schweiz und vertritt in verkehrspolitischen Fragen eine gemässigt autofreundliche Linie. Neben den Angeboten für Automobilisten hat er auch solche für Motorrad-, Mofa- und Velofahrer sowie eine nautische Sektion. Die Einzelmitgliedschaft (von Sektion zu Sektion unterschiedlich) kostet rund 70 Franken im Jahr und schliesst die Pannenhilfe in der Schweiz und in Liechtenstein ein.

- Der VCS wurde erst 1979 gegründet und hat bereits 125 000 Mitglieder. Er bezeichnet sich als «Verkehrsclub für alle umweltbewussten Menschen». Folgerichtig politisiert er für einen umweltgerechten Verkehr und hat Angebote nicht nur für Benützer der privaten Verkehrsmittel, sondern auch für Kunden des öffentlichen Verkehrs. Die Einzelmitgliedschaft beim VCS kostet 35 Franken im Jahr.

- Der ACS (112 000 Mitglieder) besteht seit 1898 und ist der «Herrenclub» unter den Verkehrsverbänden. Seit jeher hat sich der ACS laut Selbstdarstellung «intensiv für die Anliegen der Autofahrer eingesetzt und ihre Interessen wirkungsvoll vertreten». Der ACS ist in der Schweiz allein zuständig für Automobilsport und offeriert schon für Jugendliche Autofahrkurse. Einzelmitglieder bezahlen je nach Sektion rund 100 Franken im Jahr, worin die Pannenhilfe eingeschlossen ist.

- Das Stichwort «Arbeiter» im Namen des ATB macht deutlich, dass es sich bei dieser Organisation um einen aus der Tradition der Arbeiterbewegung stammenden Verband handelt (gegründet wurde er im Jahr 1916). Er bietet vor allem auch ein reichhaltiges Breiten- und Spitzensportprogramm und hat rund 25 000 Mitglieder. Im Jahresbeitag von 42 Franken (Kategorie

Auto und Motorrad) sind Pannenhilfe und Abschleppkosten eingeschlossen

● Der SAM wurde 1927 gegründet und kommt auf 7500 Mitglieder, die in 83 Sektionen organisiert sind. Er bezweckt den «Zusammenschluss der motorisierten Strassenbenützer, die Förderung des allgemeinen Motorfahrwesens, die Respektierung der gesetzlichen Vorschriften, Massnahmen zur Unfallverhütung und Verkehrserziehung sowie die Gelegenheit zur Teilnahme an motorsportlichen Veranstaltungen». Die Zentralmitgliedschaft kostet 43 Franken im Jahr, wozu in der Regel noch ein Sektionsbeitrag von etwa 50 bis 60 Franken kommt.

Auskunft über die Angebote dieser Verbände gibt eine Zusammenstellung im Anhang Seite 217. Vorsicht: Die Leistungen sind nicht genau miteinander vergleichbar, da sich der Kreis der Leistungsberechtigten zum Beispiel bei der Pannenhilfe oder die Angebote der verschiedenen Schutzbriefe in den Details stark voneinander unterscheiden. Auch die Vergütungen bei versicherten Schäden sind auf unterschiedlich hohe Grenzwerte limitiert.

6. Kapitel

Ein Auto braucht auch Unterhalt

Wie alte «Schwarten» sauber werden

Beim Autogewerbeverband der Schweiz (AGVS) beklagen sich immer wieder Garagisten über unlautere Konkurrenz. Christoph B., AGVS-Informationsbeauftragter, erklärt warum: «Wenn beim Abgastest die Grenzwerte überschritten und Reparaturen notwendig werden, suchen sich einige Automobilisten einen anderen Abgasprüfer, der ihnen, auf welche Weise auch immer, die ‹richtigen› Werte bestätigt.» Imagebewusst schränkt Christoph B. sofort ein: «Es wird sicher nicht in grossem Umfang manipuliert, aber schwarze Schafe gibt es.» Ein Lied davon singen kann Reinhard U. aus M.

Seine Motorisierung nach jahrelanger Autoabstinenz hatte er sich anders vorgestellt: «Mit dem Occasionsauto gab es nur Ärger.» Anfang dieses Jahres entschied er sich nach einer kurzen Probefahrt für einen fünf Jahre alten Gebrauchtwagen mit drei Monaten Garantie.

«Man hat mir ein Auto verkauft, das nicht den gesetzlichen Vorschriften entspricht.»

Im Kaufvertrag verpflichtete sich der Verkäufer Theo S., eine neue Kupplung einzubauen und bis August 1990 den Abgastest für das folgende Jahr gratis zu erneuern. Sechs Tage später holte U. das Fahrzeug ab. Als er sich nach der neuen Kupplung erkundigte, wurde ihm beschieden, ein Ersatz sei nicht notwendig gewesen, ein paar Öltropfen hätten für das «verhockte» Kupplungsgestänge genügt. Dem Autokäufer kamen erste Zweifel. Als sich Reinhard U. zu Hause in Ruhe das Abgasdokument ansah, musste er feststellen, dass es bereits im August 1989 abgelaufen war: «Man hat mir ein Auto verkauft, das nicht den gesetzlichen Vorschriften entspricht.»

Reinhard U. wandte sich umgehend an den Verkäufer, der von einem «Versehen» sprach, das er sofort korrigiere. Am 29. Januar sollte der Abgastest nachgeholt werden. Also fuhr man in eine dafür eingerichtete Garage nach W. Der Garagist stellte einen dreifach überhöhten HC-Wert (Kohlenwasserstoff) fest und tippte auf durchgebrannte Ventile; eine gründliche Wartung sei notwendig. Damit konfrontiert, versprach Autohändler S., die Sache nun sofort in Ordnung zu bringen. Drei Tage später drückte man Reinhard U. das Abgasdokument in die Hand. Es habe nur neue Kerzen gebraucht, um die vorgeschriebenen HC-Werte zu erreichen, hiess es. An der Heckscheibe prangte der Testkleber «Februar 1991».

Doch der Käufer staunte nicht schlecht, als er auch das neue Abgasdokument näher unter die Lupe nahm. Auf dem beigehefteten Messstreifen war der 27. Januar als Datum und 11.15 Uhr als Prüfzeitpunkt aufgedruckt. Da stand das Fahrzeug aber nachweisbar in M. Zudem stimmte die Kilometerangabe nicht mit dem tatsächlichen Kilometerstand überein. Man hatte also die Werte eines anderen Fahrzeugs in das Dokument übertragen. Reinhard U. liess die HC-Werte in einer anderen Garage überprüfen. Sie lagen erneut um das Dreifache über dem Grenzwert. Nach einigem Hin und Her nahm Verkäufer Theo S. das Auto retour und erstattete den Kaufpreis zurück.

«Nach langem Hin und Her nahm der Verkäufer das Auto wieder retour.»

Für Reinhard U. war die Angelegenheit damit nicht erledigt. Er reichte beim zuständigen Bezirksamt W. eine Anzeige wegen Urkundenfälschung ein. Dort fanden die Beklagten äusserst gutgläubige Beamte. Sie lehnten die Eröffnung einer Strafuntersuchung ab. Begründung: «Die Ermittlungen ergaben keine Anhaltspunkte, welche auf ein schuldhaftes Verhalten irgendwelcher Personen hinweisen.» Nach Angabe der Beteiligten ist alles nur eine Verwechslung und ein Versehen. Im «Gheu uf mim Pult» – so ein beteiligter Garagist – seien die Messstreifen zweier Fahrzeuge verwechselt und verkehrte Daten ins Dokument übertragen worden. Das gesetzlich vorgeschriebene Doppel des Messstreifens sei leider unauffindbar. Indes: Schon die Art und Weise des Abgastests entspricht nicht den Bestimmungen. Wer das Abgasdokument unterschreibt, muss sich vergewissern, dass alle abgasrelevanten Teile vorher überprüft worden sind. Das geschah hier nicht. Nach Auskunft des Bundesamts für Polizeiwesen ist eine «Blankounterschrift auf jeden Fall juristisch anfechtbar».

Vertrauen ist gut – Kontrolle ist besser

Das Auto ist ein aus Tausenden von Bestandteilen zusammengesetztes, hochkompliziertes System, in dem Mechanik, Elektrik und Elektronik optimal zusammenspielen müssen, um die erforderliche Sicherheit und Leistung sowie den gewünschten Komfort bei gleichzeitiger Einhaltung der Umweltvorschriften zu erbringen. Ein schlecht gewartetes Auto verbraucht über zehn Prozent mehr Treibstoff als ein nach den Betriebsvorschriften unterhaltenes Fahrzeug. Eine richtige Wartung im Rahmen einer vertrauensvollen Zusammenarbeit mit einer Garage ist deshalb unumgänglich.

Kann man aber Vertrauen in jede Garage haben? Die Erfahrungen beim Beobachter-Beratungsdienst zeigen, dass blindes Vertrauen – wie anderswo – nicht am Platz ist, ganz abgesehen davon, dass der Autobesitzer seine rechtliche Verantwortung für die Betriebssicherheit nicht völlig an die Garage delegieren kann. Von der weit überwiegenden Zahl der Unterhalts- und Reparaturbetriebe darf zwar durchaus angenommen werden, dass sie korrekt arbeiten, sofern man ihnen auch entsprechende Aufträge erteilt. Dazu ist es von unschätzbarem Vorteil, wenn man sich selbst etwas mit dem Auto und seinem Unterhalt, mit seinen Schwachpunkten und Pannenanfälligkeiten befasst.

Selbstverständlich können Sie für alles und jedes die Garage bemühen, und sei's auch nur für die Kontrolle des Kühlwassers; über die entsprechenden Rechnungen dürfen Sie sich allerdings nicht wundern. Wer an den Unterhalt des Autos nicht den geringsten eigenen Beitrag leistet, verpasst zudem die Chance, sich einiges technisches Know-how anzueignen, das möglicherweise bei einer Panne von Nutzen sein kann. Vom Zeitaufwand, der mit dem Verkehr mit einer Garage verbunden ist, ganz zu schweigen.

Was aber kann und soll der durchschnittlich gebildete und begabte Autofahrer vernünftigerweise selbst machen, ab welchem Punkt ist der Beizug von Fachleuten zu empfehlen? Grundsätzlich gehören alle *Sicherheits- und Funktionsteile* (vor allem Bremsen,

Lenkung, Stossdämpfer, Motor und Getriebe) in die Obhut des Garagisten. Für die Eigenarbeit bleibt noch ein genügend weites Betätigungsfeld:

- Sauberkeit innen und aussen
- Kontrolle der Verbrauchsteile und Flüssigkeiten
- Überwachung der gesamten Leistung, unter anderem mit dem Bordbuch (siehe Seite 113).

Was Sie selbst tun können

Sauberkeit nicht vernachlässigen

Zweifellos funktioniert ein Auto auch dann, wenn es nicht stets blinkt und strahlt, als ob es soeben aus der Fabrik gekommen wäre. Ein äusserlich hoffnungslos vergammeltes Fahrzeug lässt indes den Verdacht aufkommen, es sei auch bezüglich wichtiger «innerer Organe» ungenügend gewartet. Übermässiger Schmutz kann zudem die gesetzlich vorgeschriebene Betriebssicherheit (Artikel 29 SVG) beeinträchtigen, wenn beispielsweise dreckige Scheiben den Durchblick behindern oder Lehmspritzer auf Lampen und Blinkern ihre Leuchtkraft dämpfen.

Ungenügende Sauberkeit kann auch am Anfang von Rostschäden stehen, auf die Strassenverkehrsämter gar nicht gut zu sprechen sind. Zweifellos beginnt ein Durchrosten von Karosserieteilen, das letztlich die Sicherheit beeinträchtigen kann, mit Rostflecken; eine eigentliche Rostphobie ist aber übertrieben.

Es geht deshalb beim Thema Sauberkeit darum, ein vernünftiges Mass zu finden. Der Hochglanz am Auto darf gewiss nicht durch eine Vernachlässigung der Familienpflichten erkauft sein, obwohl auch die Kinder vielleicht sogar Spass daran haben, zusammen mit Mami und Papi gelegentlich das Auto abzuspritzen. Und auch für

Laien mit zwei linken Händen ist es kein Problem, den Innenraum so zu reinigen, dass man das Vehikel auch mit hellen Sommerkleidern benützen kann.

Eine feste Regel, wie oft eine Reinigung nötig sei, lässt sich nicht geben, da dies von der Häufigkeit und Art des Autogebrauchs sowie vom individuellen Sauberkeits-Standard abhängig ist. Eine regelmässige wöchentliche Wäsche mit Spezialmitteln und anschliessender Wachsbehandlung dürfte jedenfalls übertrieben sein. Die folgenden Faustregeln gelten für durchschnittlich im Mittelland benutzte Autos:

- Einmal monatlich Staub und Dreckspritzer von Karosserie und Reifen mit der Schlauchbürste entfernen.

- Gleichzeitig sämtliche Scheiben und die Beleuchtung reinigen (im Sommer, wenn sie von Insekten verklebt sind, allenfalls häufiger). Wenn im Auto stark geraucht wird, müssen ebenso oft die auf der Innenseite der Scheiben abgelagerten Rückstände (Teer) entfernt werden.

- Gleichzeitig sind der Innen- und Kofferraum mit dem Staubsauger zu behandeln, wobei man auch unter den Teppichen und in Ritzen saugen sollte, ehe die dort verbliebenen organischen Reste zu stinken beginnen.

- Staub und Schmutzspuren im Innenraum entfernt in der Regel ein feuchter Lappen; für Ölflecken Reinigungsbenzin verwenden.

- Bei dieser Gelegenheit kann auch gleich überprüft werden, ob alle im Auto mitgeführten Gegenstände noch dorthin gehören. Überflüssiger Ballast und vor allem ungenutzte Aufbauten wie Velo- und Dachträger verursachen einen spürbaren Treibstoff-Mehrverbrauch und entsprechende Kosten.

- Gleichzeitig lassen sich kleine Lackschäden mit Tupflack beheben.

- Halbjährlich ist eine gründliche Reinigung mit Shampoo am Platz, im Herbst als Vorbereitung für den Winter (Wachsbehandlung), im Frühling, um Winterfeuchtigkeit und allfällige Salzreste (Rost!) zu entfernen.

- Für die jährlich (Frühling) empfohlene Reinigung des Unterbodens und das Abdampfen des Motorblocks (Rost!) sind überdurchschnittliche Fachkenntnisse und Spezialgeräte (Hebebühne usw.) erforderlich. In der Regel wird man diese Arbeiten zusammen mit einem Service der Garage übertragen.
- Gegen Milben und andere Kleinlebewesen in den Sitzbezügen gibt es Polstersprays mit Desinfektionsmitteln.
- Achten Sie bei den Reinigungsmitteln darauf, dass sie umweltfreundlich sind (keine Sprays mit FCKW-Treibgasen).
- Wer auf Hausstaub allergisch ist, muss den Innenraum allenfalls häufiger reinigen und desinfizieren.

Der technische Check

Der empfohlene monatliche «kleine Sauberkeits-Check» geht am einfachsten parallel mit einer kleinen technischen Überprüfung vor allem der verschiedenen Flüssigkeiten. Diese Inspektion, die kaum zehn Minuten in Anspruch nimmt, soll auf jeden Fall auch ohne besonderen Anlass erfolgen. Haben Sie überdies Indizien dafür, dass irgendetwas nicht so ist, wie es sein sollte, müssen Sie sich selbstverständlich auch ausserhalb der Monats-Checks darum kümmern.

Zum Nachfüllen der verschiedenen Flüssigkeiten – sofern Sie dies sicher ausführen können – dürfen Sie aus Sicherheitsgründen nur vom Hersteller freigegebene Mittel (Korrosionsschutz) verwenden. Falls Sie Mühe haben, die entsprechenden Behälter zu finden, hilft Ihnen das zum Auto gehörende Handbuch weiter. Folgende Punkte sind zu kontrollieren:

- *Bremsflüssigkeit:* Diese Flüssigkeit ist geradezu lebenswichtig; sie wird aber oft vergessen, vielleicht weil der Behälter manchmal schlecht erreichbar ist. Wenn die Anzeige auf dem Minimum steht, ist die Betriebssicherheit nicht mehr gewährleistet.
- *Kühlwasser:* Deckel nur bei kaltem Motor öffnen. Wenn der Radiator nicht mehr mit Flüssigkeit bedeckt ist, müssen Sie

unbedingt Wasser – im Winter mit Frostschutz – nachfüllen. Für die Frostschutzkontrolle können Sie die Zungenprobe machen (ungiftig): Der Schutz gegen Einfrieren des Kühlwassers bei gebräuchlichen Temperaturen ist genügend, wenn die Flüssigkeit deutlich süss schmeckt.

- *Ölstand:* Ziehen Sie den Ölkontrollstab heraus und wischen Sie das Öl ab. Jetzt stecken Sic den Stab wieder hinein und können nach dem Herausziehen überprüfen, ob noch genügend Öl vorhanden ist. Öl ist auch nachzufüllen oder allenfalls ganz zu ersetzen, wenn es sehr schwarz ist. Den Ölwechsel selbst lassen Sie aus Umweltschutzgründen (Verschmutzungen, Entsorgung) besser durch die Garage besorgen.

- *Servo-Kontrolle:* Auch der Behälter für die Servolenkungs-Flüssigkeit (meist im Motorraum) hat eine Minimumanzeige. Wenn diese erreicht wird, füllt der Garagist fachgerecht wieder nach.

- *Wischerwasser:* Die Tanks für das Scheibenwischerwasser sind oft im Motorraum, für die Heckscheibe aber auch im Kofferraum sowie hinter Abdeckungen untergebracht. Die Behälter sind halb durchsichtig, so dass leicht zu sehen ist, ob sie nachgefüllt werden müssen. Einige Spritzer Abwaschmittel verbessern die Reinigungswirkung. Im Winter den Frostschutz nicht vergessen.

- *Batterie:* Wenn die Säure die Bleielemente nicht mehr bedeckt, ist destilliertes Wasser (an jeder Tankstelle erhältlich) nachzufüllen. Allenfalls blanke Batteriepole sind mit speziellem Polfett zu behandeln, das Korrosion und Spannungsverluste verhindert.

Im weiteren lassen sich im Rahmen des technischen Checks folgende Punkte prüfen:

- *Keilriemenspannung:* Wenn Sie den Keilriemen mehr als einen Zentimeter eindrücken können, muss er nachgespannt oder eventuell ersetzt werden. Ein loser Keilriemen kann die Ursache für eine ungenügend geladene Batterie oder schlechte

Kühlung sein. Lose Keilriemen geben überdies im Betrieb manchmal pfeifende oder schleifende Geräusche von sich.

- *Luftfilter:* Für eine gute und sparsame Verbrennung benötigt der Motor saubere Luft. Wenn der Luftfilter sichtbar verschmutzt ist, sollte er ersetzt werden, sonst gemäss Serviceheft.

- *Schlösser:* Wenn die Tür- und Kofferraumschlösser klemmen, hilft Graphit-Kriechöl und Graphit-Pulver. Vorsicht: Kein Öl oder Fett in die Schlösser geben, da sie Staub binden und die Schlösser so erst recht verdrecken.

- *Dichtungsgummis:* Machen die Dichtungsgummis an Türen, Fenstern und Kofferraumdeckel einen trockenen Eindruck, sind sie mit Glyzerin oder Hirschtalg einzureiben.

- *Reifen:* Bei den Reifen ist die Profiltiefe (mindestens vier Millimeter) mit einem speziellen Gerät zu messen. Zudem muss der Reifendruck regelmässig – am besten bei jeder zweiten Tankfüllung – mindestens auf den vom Hersteller empfohlenen Wert gebracht werden. Dies gilt selbstverständlich auch für das Reserverad.

- *Scheibenwischerblätter:* Wenn die Scheibenwischer intensiv gebraucht werden, können die Gummiblätter schon nach wenigen Monaten so stark abgenützt sein, dass sie Wasser und Schmutz nicht mehr sauber wegwischen, sondern im Gegenteil ein Geschmier auf dem Glas anrichten. Dasselbe gilt für alte und brüchig gewordene Blätter. Aus Sicherheitsgründen häufig ersetzen.

- *Beleuchtung:* Bei jedem Check sollten Sie auch die Beleuchtung (Standlicht, Abblendlicht, Scheinwerfer und Lichthupe) sowie die Blinker beidseits, vorne und hinten überprüfen. Neue Halogen-Lampen dürfen beim Auswechseln nicht berührt werden, da sie sonst rascher kaputt gehen.

- *Hupe:* Zum Abschluss der Kontrolle kurz die Hupe prüfen, da auch sie bei Bedarf funktionieren muss.

Wenn Sie in die Garage müssen

Haben Sie bei Ihren Checks oder unabhängig davon einen Mangel entdeckt, den Sie nicht selbst beheben können oder wollen, ist so rasch als möglich die Garage aufzusuchen. Dies gilt in ganz besonderem Mass, wenn die Sicherheit tangiert ist. Vom Fachmann müssen Sie auch die im Serviceheft vorgeschriebenen kilometerabhängigen Services ausführen lassen. Und zur Garage werden Sie in der Regel auch gehen, wenn das Auto zur alljährlichen Abgaswartung oder zur alle drei (in einzelnen Kantonen alle zwei) Jahre vorgeschriebenen amtlichen Nachprüfung muss.

So wählen Sie die richtige Garage

Wenn Sie sich für eine Garage zu entscheiden haben, stellt sich die Frage, ob Sie eine Markenvertretung oder eine unabhängige Garage wählen wollen. Dabei gelten folgende Kriterien:

- Die Markenvertretung verspricht eine perfekte, den Herstellerempfehlungen entsprechende Ausführung der Arbeiten durch die Verwendung von Originalteilen und Originalgeräten, die allerdings oft teuer sind.

- Die freie Garage kann bis zu einem Drittel günstiger sein, da sie sich nicht an Hersteller-Richtpreise oder -Richtzeiten hält und auch Teile verwendet, die nicht vom Originalhersteller stammen (was bei weniger wichtigen kein Nachteil sein muss).

Glauben Sie nicht, die Markenvertretung sei vor Schlampigkeit absolut gefeit, wogegen die «Hinterhof-Garage» immer günstiger sei. Testen Sie allenfalls mehrere Garagen, bis sie jene gefunden haben, bei der Sie sich so behandelt fühlen, wie Sie dies wünschen. Ein Indiz kann die Art und Weise sein, wie die Werkstätten ihrer gesetzlichen *Tarif-Anschreib-Pflicht* für gängige Wartungsarbeiten genügen. Zum eigentlichen Wartungs- und Reparaturservice sind auch die keineswegs selbstverständlichen Zusatzleistungen und ihre Kosten (wie Ersatzwagen oder Abhol- und Bring-Dienst) zu beachten. Mit einem älteren Auto wird man eher zur günstigeren Garage gehen, mit einem Neuwagen bei der Markenvertretung bleiben.

So gehen Sie mit der Garage um

Wer mit seinem Garagisten schon in die Schule gegangen ist oder sonstwie ein hervorragendes Vertrauensverhältnis mit ihm unterhält, braucht keine besonderen Vorsichtsmassnahmen zu treffen. Für den Umgang mit allen übrigen Werkstätten und Reparaturbetrieben gelten hingegen im Prinzip die selben Regeln wie für jedes Auftragsverhältnis: Ein klarer (schriftlicher) Auftrag über auszuführende Arbeiten und einzuhaltende Termine, verbunden allenfalls mit einem Kostenrahmen (gestützt auf einen Kostenvoranschlag), erspart unliebsame Überraschungen oder gar Rechtshändel. Haben Sie keine Bedenken, ein schriftlicher Auftrag – egal ob kurz oder ausführlich – werde als unhöflich empfunden. Vielmehr hilft er im beidseitigen Interesse, Missverständnisse zu vermeiden und Auseinandersetzungen zu versachlichen.

Morgens um halb acht Uhr herrscht bei der Reparaturannahme in den Garagen Hochbetrieb: Die Kunden stehen Schlange und drängeln. Sie müssen zur Arbeit. Nach Arbeit rufen auch die Mechaniker, die nicht fürs Herumstehen bezahlt sind. Pressiert's – passiert's: Viele spätere Meinungsverschiedenheiten zwischen Kunden und Garagen lassen sich auf diese morgendliche Hektik zurückführen.

Aber auch ohne Gedränge können Fehler passieren. Wenn Sie dem Garagisten die Autoschlüssel mit der Bemerkung in die Hand drücken: «Irgendwo klappert etwas», dürfen Sie sich über eine hohe Rechnung nicht wundern. Es ist wie beim Arzt: *Eine möglichst präzise Beschreibung der Mängel* ohne Versuch, auch bereits schon die Diagnose zu liefern, hilft dem Fachmann am meisten bei der Suche nach den Fehlerquellen. Wenn Sie ein Bordbuch führen, können Sie möglicherweise ziemlich genau angeben, wann und wie sich ein Schaden erstmals bemerkbar gemacht und wie er sich seither allenfalls verändert hat.

Sind Ihnen die finanziellen Auswirkungen eines Auftrags zu unklar, können Sie vom Garagisten einen *Kostenvoranschlag* verlangen. Lassen Sie ihn anschliessend die Reparatur auch ausführen, wird die Kostenschätzung in der Regel unentgeltlich sein. Sonst wird man Ihnen allenfalls für die Sucharbeiten, die bei der Diagnose recht aufwendig sein können, eine Rechnung stellen. Klären Sie bei Unklarheiten ab, wie sich der Garagist in solchen Fällen verhält.

Erteilen Sie den Auftrag möglichst präzise. Wenn Sie einen Ölwechsel verlangen, ist dies nicht gleichbedeutend mit dem Auftrag, gleich noch den Ölfilter zu wechseln und das teuerste Öl einzufüllen. Setzen Sie allenfalls eine finanzielle Grenze und verlangen Sie, dass der Garagist Sie informiert, bevor er diese überschreitet (Telefonnummer angeben, wo Sie tagsüber erreichbar sind).

Eine seriöse Garage erkennen Sie daran, dass Sie ohne andere Abmachung die ersetzten Teile unaufgefordert zurückerhalten. Fragen Sie danach, wenn dies unterlassen wird; im Konfliktfall können solche Teile wichtige Beweismittel sein.

Es ist nicht unbedingt ein schlechtes Zeichen, wenn in einer Garage etwas repariert wird, wofür kein ausdrücklicher Auftrag vorliegt. In einem solchen Fall muss es sich indes um eine für Funktion und Sicherheit des Autos wichtige Reparatur handeln. Andernfalls können Sie die Bezahlung verweigern und darauf bestehen, dass der Eingriff rückgängig gemacht wird.

Sind Sie mit der Art und Weise, wie der Garagist den Auftrag ausgeführt hat, nicht einverstanden, müssen Sie so rasch als möglich reklamieren. Bedenken Sie dabei, dass jedem Menschen ein Fehler passieren kann. Vergleichen Sie auch die angeschlagenen Preise mit den Positionen auf der Rechnung. Halten Sie die Beanstandungen notfalls schriftlich fest, wenn der Garagist sich nicht bereit erklärt, Ihren Wünschen zu entsprechen.

Auf reparierte oder ersetzte Teile erhalten Sie von den Markenvertretungen in der Regel eine Garantie, die bis zu einem Jahr und für unbeschränkte Kilometer gültig sein kann. Unabhängige Garagen sind in diesem Punkt zurückhaltender und geben mitunter überhaupt keine Garantien.

Der Automobil-Club der Schweiz (ACS) gibt zusammen mit dem Autogewerbe-Verband der Schweiz (AGVS) ein spezielles Arbeitsauftrag-Formular (mit Durchschreibe-Doppel) heraus, das einfach und doch vollständig ist (siehe Anhang Seite 220).

Tips:

- Versuchen Sie die Garage zu Zeiten aufzusuchen, in denen kein Gedränge herrscht und Ihr Gesprächspartner Zeit hat (Termin allenfalls vorher vereinbaren).
- Beschreiben Sie die Mängel so gut als möglich, versuchen Sie aber nicht, die Ursache zu nennen.
- Verlangen Sie jedenfalls einen Kostenvoranschlag, wenn die finanziellen Auswirkungen des Auftrags ungewiss sind.
- Der Garagist ist gesetzlich verpflichtet, die üblichen Wartungskosten gut lesbar anzuschlagen oder eine Preisliste aufzulegen.
- Gehen Sie zu einer zweiten Garage, wenn Sie Zweifel am Kostenvoranschlag haben.
- Lassen Sie keine Wertsachen im Auto liegen.
- Kontrollieren Sie beim Abholen des Wagens, ob die in Auftrag gegebenen Arbeiten wirklich zu Ihrer Zufriedenheit ausgeführt worden sind.
- Allfällige Beanstandungen müssen Sie unverzüglich nach Feststellung des Mangels bei der Garage anbringen.
- Die Rechnung des Garagisten darf vom Kostenvoranschlag nur leicht abweichen, mehr als etwa 20 Prozent müsste er jedenfalls gut begründen können.
- Unstimmigkeiten betreffend die Rechnung sind der Garage innert acht Tagen nach Erhalt zu melden.
- Im Handbuch zu Ihrem Auto finden Sie die Adresse des Kundendienstes des Importeurs. Dort erhalten Sie notfalls Aus-

künfte über Reparatur- und Wartungsrichtzeiten und die entsprechenden Normpreise.

- Die Automobilverbände, die Schlichtungskommission des Autogewerbe-Verbandes der Schweiz, eine allenfalls vorhandene Verkehrs-Rechtsschutzversicherung oder ein unabhängiger Fahrzeugexperte (Adressen siehe Anhang Seite 223) sind weitere Instanzen, die Ihnen im Konfliktfall helfen können.

- Falls Sie nur einen Teil der Rechnung akzeptieren, müssen Sie den unbestrittenen Betrag fristgemäss bezahlen und dem Garagisten mit eingeschriebenem Brief mitteilen, weshalb Sie den Rest zurückbehalten. Es liegt dann an ihm, eine Betreibung einzuleiten und allenfalls die Beurteilung durch den Friedensrichter zu verlangen.

Service

Unabhängig von Reparaturen schreibt das Serviceheft jedes Fahrzeugs die Service-Intervalle vor. In der Regel braucht es alle 10 000 Kilometer einen grossen und dazwischen alle 5000 Kilometer einen kleinen Service (neuere Autos kommen vermehrt mit längeren Intervallen aus). Was bei diesen Anlässen zu kontrollieren ist, hält ebenfalls das Serviceheft fest. Grob gesagt besteht der kleine Service, der beispielsweise auch vor einer langen Ferienfahrt zu empfehlen ist, in einer Kontrolle der wichtigen Teile und Funktionen sowie einem Ölwechsel. Beim grossen Service wird darüber hinaus das ganze Fahrzeug auf Abnützungserscheinungen und mögliche versteckte Schäden abgesucht. Der TCS führt eine alle Jahre überarbeitete Statistik über die jährlichen Servicekosten. Bei einer Fahrleistung von 15 000 Kilometern kommt diese je nach Fahrzeug auf Service-Jahreskosten von gut 2000 bis knapp 5000 Franken (siehe Anhang Seite 219).

Mangelhafte Serviceleistungen können Garagisten teuer zu stehen kommen. Dies erfuhr ein Luzerner Automechaniker, als an einem Jeep, den er zwei Tage zuvor im Service hatte, bei voller

Fahrt die Kardanwelle brach und ein Schaden von über 17 000 Franken entstand.

Das Bundesgericht hatte den Fall in letzter Instanz zu beurteilen. Es hielt fest, der Fachmann hätte beim Prüfen und Schmieren der Kreuzgelenke feststellen müssen, dass diese defekt waren. Zumindest hätte er den Fahrzeughalter informieren müssen, da dieser versteckte Schaden für den Laien nicht feststellbar ist. Dass er dies unterliess, vermochte das Bundesgericht nur so zu erklären, dass der Garagist den Service nicht mit der nötigen Aufmerksamkeit durchgeführt habe. Er wurde deshalb für den unmittelbaren Schaden sowie für die Folgeschäden (Miete eines Ersatzwagens während der Reparatur) zur Rechenschaft gezogen. Wären vom Unfall weitere Fahrzeuge oder gar Menschen betroffen gewesen, hätte die Rechnung noch massiv höher ausfallen können.

Tips:

- Für die Durchführung des grossen Services – verbunden vor allem mit der Abgaswartung – gelten die selben Grundsätze wie beim Erteilen anderer Aufträge (genaue Umschreibung der auszuführenden Arbeiten, Kostenrahmen).
- Lassen Sie das Auto auf alle Fälle einmal jährlich durch einen Fachmann (in der Regel die Garage) genau überprüfen (grosser Service). Auch bei nicht oder wenig benützten Fahrzeugen stellen sich Alterserscheinungen ein, indem zum Beispiel Flüssigkeiten verdampfen können.
- Ein Unterschreiten der Service-Intervalle ist der Umwelt nicht unbedingt zuträglich, da das Altöl und die Verbrauchsmaterialien entsorgt werden müssen.

Den Mardern ein Schnippchen schlagen

Der Haus- oder Steinmarder ist ein rund 45 Zentimeter langes, braunbepelztes Raubtier mit kurzen Beinen und einem etwa 25 Zentimeter langen buschigen Schwanz. Als sogenannter «Kulturfolger» lebt er in der menschlichen Nachbarschaft und macht sich als Allesfresser über Kehrichtsäcke, Komposthaufen und Gärten her.

Weshalb die putzigen Tierchen sich gerne unter Autos und in deren Motorräume verkriechen und dort das Plastik- und Gummizeug zerbeissen (allerdings nicht auffressen), ist nicht eindeutig geklärt. Am wahrscheinlichsten ist die Theorie, dass sie von der Motorwärme angelockt werden und aus lauter Spieltrieb das in ihren Nasen offenbar angenehme Kunststoffzeug anknabbern. Die Versicherungen behandeln Marderschäden unterschiedlich (siehe Kapitel «Vom Umgang mit Versicherungen» Seite 91).

Gegen Marder gibt es verschiedene Tips und Tricks, die indes alle den Nachteil haben, nicht hundertprozentig zu funktionieren. Hier dennoch eine Auswahl:

Tips:

- Den mit Abstand besten Schutz bieten Garagen, deren Fenster und andere Öffnungen mit Drahtgeflecht geschützt sind.
- Ideal wäre auch, alle Schläuche und Kabel durch metallummantelte Ausführungen, wie sie im Rennwagenbau eingesetzt werden, zu ersetzen – die Preise sind allerdings erheblich, und Manschetten lassen sich so nicht schützen.
- Recht gute Erfolge wurden mit Ultraschallgeräten erzielt, deren Schallfrequenzen aber immer wieder geändert werden müssen, da sich die Marder rasch an einen bestimmten Ton zu gewöhnen scheinen.
- Nur mässig wirken Geruchstoffe wie Mottenkugeln, Naphtalin, Haar-, Insekten- oder Hunde- und Marder-Sprays. Sie müssen häufig angewendet werden und sind mitunter auch für Menschen lästig.
- Auch an Geräuschquellen – von der Klingel bis zur laut tickenden Swatch-Uhr – scheinen sich Marder rasch zu gewöhnen.
- Licht hat sich als völlig wirkungslos erwiesen.

- Falls Sie von Mardern in der Gegend wissen: Jeden Abend anderswo parkieren, da die Marder Gewohnheitstiere sind und immer wieder am selben Ort «zuschlagen». Dies gilt selbstverständlich auch nach einem Marderschaden.

- Werden die Zündkabel eines Autos mit Katalysator angeknabbert, muss das Auto abgeschleppt und sogleich repariert werden, da sonst der Katalysator beschädigt werden kann.

Der Staat guckt unter die Kühlerhaube

Abgaswartung

Seit anfangs 1986 müssen in der Schweiz die Abgas-Grenzwerte von allen benzingetriebenen Personenwagen, die nach dem 1. Januar 1971 erstmals in Verkehr gesetzt wurden, alljährlich daraufhin überprüft werden, ob sie noch den damals gültigen Limiten entsprechen. Äusserlich sichtbarer Ausdruck dieser Kontrolle ist der bekannte runde grüne Kleber, der an der Heckscheibe angebracht werden *kann;* was aber nicht vorgeschrieben ist. Obligatorisch ist es indes, das *Abgas-Wartungsdokument,* in dem Fahrzeugdaten, Soll-Einstellwerte und Messbedingungen des Herstellers nebst den ermittelten Abgaswerten eingetragen sind, im Auto mitzuführen (zehn Franken Ordnungsbusse, falls dies versäumt wird). Diese Urkunde muss vom Garagisten unterschrieben sein, der die Abgaswartung durchgeführt hat.

Die Weisungen des Bundesamtes für Polizeiwesen schreiben vor, dass mindestens die folgenden Teile geprüft und nötigenfalls instandgestellt werden müssen:

- Luftfilter
- Auspuffsystem
- Zündung (soweit vorhanden Unterbrecher, Zündzeitpunkt)
- Kurbelgehäuseentlüftung

- Kaltstartvorrichtung
- Abgasrückführung
- Lufteinblasung
- Messung von Leerlaufdrehzahl, Kohlenmonoxid (CO), Kohlendioxid (CO_2) und Kohlenwasserstoffen (HC).

Ein Grossteil dieser Arbeiten gehört auch zum grossen Service (alle 10 000 Kilometer), so dass Sie diese beiden Aufträge idealerweise miteinander verbinden, wenn Sie jährlich wenigstens 10 000 Kilometer zurücklegen. Für die Abgaswartung allein ist je nach Automarke mit Kosten zwischen 75 und 150 Franken zu rechnen; als Zusatzkosten zum Service liegt der Betrag zwischen 25 und 100 Franken.

Es ist möglich, dass bei der Abgaswartung Mängel an abgasrelevanten Teilen festgestellt werden, die Zusatzarbeiten erfordern. Vereinbaren Sie deshalb mit dem Garagisten auch für die Abgaswartung einen Kostenrahmen, bei dessen voraussichtlichem Überschreiten Sie um Ihr Einverständnis angefragt werden wollen.

Tips:

- Das Einhalten der HC-Richtwerte bereitet meist die grösste Mühe und kann teure Reparaturen nötig machen. Vorher abklären, ob der HC-Richtwert noch Gültigkeit hat (es gibt für einige Modelle weniger strenge Richtwerte).
- Schlägt Ihnen der Garagist teure Zusatzarbeiten vor, können Sie seinen schriftlichen Kostenvoranschlag samt Kopie des Fahrzeugausweises an den Importeur senden, der möglicherweise technische Hilfe leisten oder kostengünstigere Massnahmen vorschlagen kann.
- Der Katalysator sollte bei vorschriftsgemässem Betrieb (kein Bleibenzin) während der Betriebszeit des Autos nicht ersetzt werden müssen. Sollte das doch notwendig werden, sind zuerst alle anderen möglichen Fehlerquellen für nicht eingehaltene Richtwerte zu überprüfen (häufigstes Problem: Elektronik).

- Auch wenn Sie mit abgelaufener Abgaswartung in eine Polizeikontrolle geraten, müssen Sie keine Busse bezahlen, wenn Sie anschliessend nachweisen können, dass sich das Auto in vorschriftsgemässem Zustand befand.

- Wird während einer Polizeikontrolle eine Abgasmessung durchgeführt, müssen Sie darauf achten, dass der Motor warm ist (wenigstens sechs Kilometer Fahrleistung) und dass alle Messbedingungen dem Wartungsdokument entsprechen. Vor der Messung muss der Motor während etwa 30 Sekunden auf ungefähr 3000 Umdrehungen pro Minute hochgedreht werden.

- Reklamieren Sie mit eingeschriebenem Brief und verlangen Sie eine kostenlose Nachbesserung, wenn sich bei einer amtlichen Kontrolle trotz durchgeführter Abgaswartung ungenügende Werte ergeben.

Vorführen/amtliche Nachprüfung

Das Stichwort Vorführen beziehungsweise die amtliche Fahrzeug-Nachprüfung, wie es offiziell heisst, löst bei den meisten Automobilisten ungute Gefühle aus. Gemäss Verordnung über Bau und Ausrüstung der Strassenfahrzeuge (BAV) sind Personenwagen, die nicht als Taxis, Mietautos oder Fahrschulfahrzeuge dienen, alle drei Jahre einer amtlichen Nachprüfung zu unterziehen. Den Kantonen ist es freigestellt, die Prüfungsintervalle für über dreijährige PWs zu verkürzen (Artikel 83 BAV).

Gestützt auf diese Bestimmungen erhalten Schweizer Autohalter alle zwei bis drei Jahre eine Einladung der Motorfahrzeugkontrolle oder des Strassenverkehrsamts, ihr Auto vorzuführen. Vor allem für ältere Fahrzeuge kann dies das Aus bedeuten, wenn sich ergibt, dass der Aufwand für die Instandstellung mehr ausmacht als der Fahrzeugwert. Ein detaillierter Kostenvoranschlag für Arbeit und Material ist die wichtigste Entscheidungsgrundlage.

Die amtlichen Kontrolleure haben es vor allem auf Rost abgesehen, der sich trotz vielfältiger Vorbeugungsmassnahmen wohl kaum je gänzlich wird vermeiden lassen, so lange Stahl und Eisen im Automobilbau verwendet werden. Anderseits ist auch diesen Experten klar, dass aus einem gebrauchten Auto kein Neuwagen gemacht werden kann. Ihre Überprüfung hat das einwandfreie Funktionieren aller Komponenten sicherzustellen, mehr nicht.

Die Aufforderung zur Nachprüfung kommt zweimal: Erstmals kündet sich das Strassenverkehrsamt etwa zwei bis drei Monate vor dem ungefähren Termin an, das zweite Mal zwei Wochen vorher mit der genauen Zeit- und Ort-Angabe für das Vorführen. Auf diese Weise soll dem Fahrzeughalter Gelegenheit geboten werden, sich rechtzeitig mit der Garage in Verbindung zu setzen, um die Vorabklärungen und die allenfalls notwendigen Arbeiten durchführen zu lassen. Erteilen Sie aber der Garage nicht einfach den unbestimmten Auftrag, das Auto für die Nachprüfung vorzubereiten und «durchzubringen». Je nach dem kann dies als Fast-gar-nichts-Machen oder «Vergolden» interpretiert werden. Erst wenn Sie die Rechnung des Garagisten erhalten, erfahren Sie, was er unter Nachprüfung verstanden hat. Für neuere Fahrzeuge, die gemäss Serviceheft regelmässig gewartet wurden, sollte es genügen, folgenden Auftrag zu erteilen, der in der Regel auf etwa 150 bis 300 Franken zu stehen kommt:

- Gründliche Reinigung von Karosserie und Unterboden (Abdampfen ist nicht verlangt; Motor und Motorraum nur bei effektiver Verschmutzung reinigen lassen)
- Beleuchtungskontrolle und Überprüfen der Scheinwerfer-Einstellung
- Brems-Kontrolle (gleichmässiges Ziehen)
- Sicherheitskontrolle von Lenkung, Aufhängung und Unterboden.

Tips:

- Der Nutzen eines regelmässig gereinigten und gewarteten Autos für Ihre Nerven und Ihr Portemonnaie zeigt sich spätestens bei der amtlichen Nachkontrolle, da diese mit geringerem finanziellem Aufwand verbunden ist und Sie ihr gelassener entgegengehen können.

● Machen Sie sich einmal die Mühe, das Vorführen selbst zu übernehmen oder mindestens zu beobachten; Sie erfahren dabei, worauf die Auto-Experten achten, und sind dadurch ein kompetenterer Gesprächspartner für den Garagisten.

● Statt einen oft unnötigen Perfektionismus zu betreiben, können Sie auch mit einem lediglich ordentlich hergerichteten Auto zur Nachprüfung gehen und anschliessend, gestützt auf die voraussichtlich resultierende Mängelliste, der Garage einen präzisen Auftrag für eine zweite Kontrolle erteilen. Die Kosten für das zweimalige Vorführen (rund 30 Franken pro Mal) machen sich meist bezahlt.

7. Kapitel

Im Räderwerk der Gesetze

Mehr als ein Kavaliersdelikt

Anlageberater Walter B. fährt mit seinem Auto auf der Landstrasse nach Hause. Vor ihm eine Vespa, die knapp achtzig fährt. Walter B. hat einen turbulenten Tag hinter sich: eine mehrstündige Besprechung mit einem Kunden, dem er eröffnen musste, dass er mehrere zehntausend Franken verloren hat. Der verärgerte Kunde geht dem Anlageberater nicht aus dem Sinn: Ob sich dieser beim Chef beschweren wird? Wahrscheinlich, denn zum Teil ist er auf die Empfehlungen des Beraters eingegangen. Und wie wird der Chef reagieren? Krise im Mittleren Osten – wer konnte dies schon voraussehen? Und dann noch die Kinder: Am Morgen hatte die Tochter leichtes Fieber. Wie es ihr wohl geht?

> **«Nach 200 Metern ein Gefahrensignal am rechten Strassenrand: Polizei! B.s Herz beginnt zu pochen.»**

Solche Gedanken gehen durch seinen Kopf, als er zum Überholen ansetzt. Herunterschalten und kurz aufs Gaspedal, der 2,3-Liter-16-Ventiler reagiert sofort. Es kommt immer alles zusammen; die Krankenkassenprämie ist auch wieder fällig. Blinker links, nach einigen Sekunden sieht Walter B. die Vespa in seinem Rückspiegel. Und genau diese Krise ist schuld am Kursverlust, weshalb auch musste die Kleine ohne Kleider im Garten herumrennen..., sinniert er weiter.

Nach 200 Metern ein Gefahrensignal am rechten Strassenrand: Polizei! Walter B.s Herz beginnt zu pochen. Fieberhaft überlegt er: Führer- und Fahrzeugausweis? In Ordnung. Abgasdokument? In Ordnung. Letzter Alkohol? Zum Mittagessen ein Bier. Also keine Gefahr! Schon etwas ruhiger, kurbelt er das Fenster herunter. «Sie sind nach Abzug der Toleranz 15 Kilometer zu schnell gefahren», eröffnet ihm der Verkehrspolizist. Walter B. fällt aus allen Wolken. Er soll mit einer Geschwindigkeit von beinahe 100 Kilometern gefahren sein? Unmöglich. Doch dann fällt's ihm ein: Sch..., die Vespa zu schnell überholt!

«Wänd Si grad zaale? 'S macht hundert Franke», erinnert der Polizist wieder an seine Anwesenheit. Widerwillig zückt Walter B. sein Portemonnaie. Doch kein Hunderter ist zwischen den verschiedenen Quittungen, kleineren Noten und anderen Zettelchen zu entdecken; nur gut 70 Franken Bargeld bringt er zusammen. «Nein, Kreditkarten nehmen wir nicht», winkt der Uniformierte leicht amüsiert ab, grad als die von Walter B. vorhin überholte Vespa gemütlich vorbeituckert.

> «‹Wänd Sie grad zahle? 'S macht hundert Franke›, erinnert der Polizist wieder an seine Anwesenheit.»

«Sie können auch später bezahlen, ohne dass Sie dies mehr kostet», erklärt der Polizist dem mittlerweile ausgestiegenen Walter B. Er drückt dem Verkehrssünder einen Einzahlungsschein in die Hand und notiert sich anderseits dessen Autonummer. Walter B. hat jetzt zehn Tage Zeit, die Busse zu berappen; andernfalls wird die Polizei das ordentliche (und wegen der Verfahrenskosten teurere) Verfahren einleiten.

Gesetze und Vorschriften rundherum

Kaum ein anderer Bereich des schweizerischen Alltags ist durch Gesetze, Verordnungen und andere Bestimmungen derart umfangreich und detailliert geregelt wie der Strassenverkehr. Die Lektüre der handlichen Vorschriftensammlung «Strassenverkehrsrecht» (im Buchhandel für 19 Franken erhältlich) ist deshalb empfehlenswert. Auf knapp 500 Seiten enthält das Werk folgende Erlasse:

- Strassenverkehrsgesetz SVG
- Verkehrsregelnverordnung VRV
- Verkehrsversicherungsverordnung VVV
- Verordnung über die Zulassung von Personen und Fahrzeugen zum Strassenverkehr VZV
- Verordnung über die Strassensignalisation SSV (Signalisationsverordnung)
- Verordnung über Bau und Ausrüstung der Strassenfahrzeuge BAV
- Verordnung über die Arbeits- und Ruhezeit der berufsmässigen Motorfahrzeugführer ARV (Chauffeurverordnung)
- Bundesgesetz über Ordnungsbussen im Strassenverkehr OBG
- Verordnung über Ordnungsbussen im Strassenverkehr OBV mit zugehöriger Bussenliste
- Verordnung über die Spikesreifen
- Auszug aus dem Tierschutzgesetz betreffend Tiertransporte
- Auszug aus der Tierschutzverordnung zum Thema Tiertransporte.

Ganz klar, dass nicht jede einzelne Bestimmung dieser Aberhunderten von Paragraphen im Alltag die gleiche Bedeutung hat. Die Erfahrung beim Beobachter-Beratungsdienst zeigt, dass vor allem die Themenbereiche Fahrfähigkeit (Alkohol, Medikamente, Müdigkeit), Fahrlässigkeit/Grobfahrlässigkeit, Geschwindigkeitsüberschreitungen, Fahrausweisentzug, Ordnungsbussen und Eintrag ins Strafregister am meisten Diskussionsstoff abgeben.

Alkohol: nicht erst bei 0,8 Promillen

Kaum ein Kind und ganz gewiss kein erwachsener Autofahrer, dem die «Schallgrenze» von 0,8 Promillen Alkohol im Blut nicht bekannt wäre. Die Verkehrsregelnverordnung sagt zum Thema Fahrfähigkeit im allgemeinen und Alkohol im besonderen aber bedeutend mehr (Artikel 2):

...darf kein Fahrzeug führen

«1. Wer wegen Übermüdung, Einwirkung von Alkohol, Medikamenten oder Drogen oder aus einem andern Grund nicht fahrfähig ist, darf kein Fahrzeug führen.

2. Fahrunfähigkeit wegen Alkoholeinwirkung (Angetrunkenheit) gilt in jedem Fall als erwiesen, wenn der Fahrzeugführer eine Blutalkohol-Konzentration von 0,8 oder mehr Gewichtspromillen aufweist oder eine Alkoholmenge im Körper hat, die zu einer solchen Blutalkohol-Konzentration führt.

3. Niemand darf ein Fahrzeug einem Führer überlassen, der nicht fahrfähig ist.

4. Den Führern von Motorwagen zur gewerbsmässigen Personenbeförderung ist der Genuss alkoholischer Getränke während der Arbeitszeit und innert 6 Stunden vor Beginn der Arbeit untersagt.»

Wichtigste Aussage: Fahrunfähigkeit wegen Angetrunkenheit ist ab 0,8 Promillen ohne weitere Beweise belegt, kann aber bereits mit geringerem Alkoholpegel – vor allem in Kombination mit Medikamenten, Müdigkeit und/oder grosser Hitze – erreicht werden. Der Unterschied besteht lediglich darin, dass ein Alkoholgehalt von 0,8 und mehr Promillen an sich und völlig unabhängig von einem Unfall einen Straftatbestand darstellt (Artikel 91 Absatz 1 SVG: «Wer in angetrunkenem Zustand ein Motorfahrzeug führt, wird mit Gefängnis oder Busse bestraft.»), wogegen es bei einem geringeren Promillesatz auf die weiteren Umstände ankommt.

Das musste auch der Vorarbeiter Heinz G. zur Kenntnis nehmen, der bei einer Routinekontrolle mit 0,7 Promillen erwischt worden war. Weil er sich nach der Arbeit erst zwei Bier und anschliessend kurz vor der Wegfahrt einen doppelten Wodka genehmigt hatte, verwies ihn der Richter auf medizinische Untersuchungen, wonach die Wirkung des Alkohols gleich nach der Einnahme am grössten ist. Der Gerichtsmediziner: «Von Bedeutung ist die Feststellung, dass beim Schlusstrunk einer Alkoholmenge, die einem Wert von mehr als 0,3 Gewichtspromillen entspricht, ein sogenannter Schluss-Sturz-Trunk vorliegt, bei dem wegen der Überflutung des Gehirns mit Alkohol von einer generellen Verkehrsuntauglichkeit auszugehen ist.» Der Wodka kostete Heinz G. eine Busse von 600 Franken und einen Fahrausweisentzug von zwei Monaten.

Busse ab 500 Franken

Fahren in angetrunkenem Zustand (FiaZ) wird massiv geahndet: Wer das erste Mal erwischt wird und weniger als 1,5 Promille Alkohol im Blut hat, kann auf eine Busse hoffen. Diese wird nach den persönlichen Verhältnissen abgestuft, beträgt aber mindestens 500 Franken. Über 1,5 Promillen gibt es in der Regel eine bedingte Gefängnisstrafe. Wer sich ein zweites Mal innerhalb von zehn Jahren (!) erwischen lässt, kommt kaum um einen Aufenthalt im Gefängnis herum.

Hinzu kommt jeweils der Fahrausweisentzug, beim ersten Mal für wenigstens zwei Monate, im Wiederholungsfall innerhalb von fünf Jahren bereits für ein Jahr (siehe Seite 176)

Wie ernst es den Gerichten mit dem Thema Alkohol ist, zeigt sich auch an verschiedenen weiteren Urteilen bis hinauf zum Bundesgericht: Verurteilt wurden nicht nur alkoholisierte Autofahrer selbst, sondern wegen Gehilfenschaft auch Mitzecher, wobei es unerheblich war, ob sie sich zum Fehlbaren ins Auto setzten oder nicht. Und eine Frau musste sich die Reduktion von Unfallversicherungs-Leistungen gefallen lassen, weil sie zu einer angeheiterten Kollegin ins Auto gestiegen war und sich von ihr hatte heimfahren lassen. Das sei grobfahrlässig, befand das höchste Schweizer Gericht, das in einem anderen Fall ähnlich urteilte: Der Mitfahrer hätte sogar die Pflicht gehabt, den Angetrunkenen vom Fahren abzuhalten.

Fast überflüssig zu sagen, dass auch für *illegale Drogen* gilt, was hier zum Thema Alkohol und Medikamente gesagt wurde. Nur ist es schwieriger, Drogen im Blut nachzuweisen und ihren Einfluss auf die Fahrtüchtigkeit zu quantifizieren.

Wer sich der Blutprobe entzieht...

Der oben erwähnte Artikel 91 SVG, der für Fahren in angetrunkenem Zustand Gefängnis oder Busse vorsieht, enthält noch eine weitere Bestimmung: «Den gleichen Strafandrohungen untersteht, wer sich vorsätzlich einer amtlich angeordneten Blutprobe oder einer zusätzlichen ärztlichen Untersuchung widersetzt oder entzieht oder den Zweck dieser Massnahmen vereitelt.»

Die Praxis des Bundesgerichts zu diesem Thema ist im Unterschied zur oben dargestellten Härte allerdings moderater: Wer einen Unfall mit Blechschaden verursacht, anschliessend heimfährt und den Unfall erst am kommenden Tag meldet, macht sich nur der Unterlassung der sofortigen Meldung (Artikel 51 SVG), nicht aber unbedingt einer Verletzung von Artikel 91 SVG schuldig. Es würde an den Strafverfolgungsbehörden liegen, nachzuweisen, dass beim Verursacher eine Blutprobe angeordnet worden wäre, wenn man ihn rechtzeitig erwischt hätte. Und ein Fahrausweisentzug sei vollends nicht möglich, da diese Massnahme für das Verweigern der Blutprobe nicht vorgesehen sei.

Mehr zum Thema Alkohol am Steuer im Abschnitt «Vorsicht bei Alkohol und Medikamenten» auf Seite 116.

Fahrlässigkeit/Grobfahrlässigkeit

Ein wichtiger juristischer Ausdruck – vor allem im Zusammenhang mit Versicherungsleistungen – ist das Wortpaar Fahrlässigkeit/Grobfahrlässigkeit. In Artikel 100 SVG ist festgehalten, dass auch fahrlässige Handlungen strafbar sind, sofern es das Gesetz nicht ausdrücklich anders bestimmt. Die Unterscheidung zwischen fahrlässig und grobfahrlässig ist eine versicherungsrechtliche Frage, wobei namentlich bei Alkohol am Steuer immer auf Grobfahrlässigkeit erkannt wird. Grobfahrlässigkeit kann Leistungskürzungen sämtlicher involvierter Versicherungen (Haftpflicht, Kasko, Unfall usw.) «entsprechend der Schwere des Falles» nach sich ziehen.

Die Kürzungen von Versicherungsleistungen wegen Grobfahrlässigkeit betragen in der Regel 10 bis 30 Prozent, in sehr gravierenden Fällen – vor allem bei Alkohol – auch bis zu 50 Prozent. Das mag auf den ersten Blick nicht dramatisch aussehen. Bei schweren Körperschäden mit langen Aufenthalten in Kliniken und Heilanstalten, vielleicht sogar bleibender Invalidität oder Tod eines Familienernährers können indes auch kleine Prozentzahlen grosse Summen

---

Verständlich oder nicht?

Als fahrlässig lässt sich ein zwar regelwidriges Verhalten bezeichnen, das noch als einigermassen verständlich zu taxieren ist und keine anderen Verkehrsteilnehmer gefährdet. Motto: «Das kann schon mal passieren; ein Dummejungen-Streich.» Grobfahrlässig ist hingegen eine nicht mehr verständliche Fahrweise, bei der wichtige Vorschriften rücksichtslos missachtet und andere Verkehrsteilnehmer in Gefahr gebracht werden. Stark übersetzte Geschwindigkeit, Missachtung von Stoppsignalen, Rotlichtern und Sicherheitslinien, gefährliche Überholmanöver und Alkohol am Steuer sind die häufigsten Beispiele von Grobfahrlässigkeit. Motto: «Wie kann man nur!»

---

ausmachen, die einen Verantwortlichen unter Umständen für den Rest seines Leben ruinieren (siehe auch Kapitel «Vom Umgang mit Versicherungen» Seite 75).

Zu schnell gefahren

Wohl unter keinem anderen Titel werden in der Schweiz so viele Strassenverkehrsbussen gefällt und andere Massnahmen ausgesprochen wie unter dem Stichwort Geschwindigkeitsüberschreitungen. Artikel 32 des Strassenverkehrsgesetzes befasst sich damit:

«1.Die Geschwindigkeit ist stets den Umständen anzupassen, namentlich den Besonderheiten von Fahrzeug und Ladung sowie den Strassen-, Verkehrs- und Sichtverhältnissen. Wo das Fahrzeug den Verkehr stören könnte, ist langsam zu fahren und nötigenfalls anzuhalten, namentlich vor unübersichtlichen Stellen, vor nicht frei überblickbaren Strassenverzweigungen sowie vor Bahnübergängen.

2. Der Bundesrat beschränkt die Geschwindigkeit der Motorfahrzeuge auf allen Strassen.»

Die Bussenliste im Ordnungsbussen-Verfahren sieht schon für geringe Überschreitungen der Höchstgeschwindigkeiten rapid zunehmende Bussen vor:

Überschreitung	Ordnungsbusse
bis zu 5 km/h	Fr. 20.—
5 bis 10 km/h	Fr. 40.—
10 bis 15 km/h	Fr. 100.—

Für grössere Überschreitungen der Höchstgeschwindigkeit kommt es zur Verzeigung, was rasch nahrhafte Bussen zuzüglich diverser Gebühren zur Folge hat. Hier einige Beispiele aus der Praxis:

Überschreitung	Busse im ordentlichen Verfahren
15 bis 20 km/h	Fr. 150.—
20 bis 25 km/h	Fr. 220.—
25 bis 30 km/h	Fr. 300.—
bis 50 km/h	Fr. 1500.—

Bei der Messung der gefahrenen Geschwindigkeiten wird mit einem sogenannten Sicherheitsabzug gerechnet, um technisch bedingte Ungenauigkeiten auszugleichen. Dieser Abzug beträgt bei Messungen mit stationären Anlagen fünf (bei Geschwindigkeiten bis 100) bis sieben Stundenkilometer (ab Geschwindigkeiten über 151). Bei Messungen aus einem fahrenden Auto – sogenannte Nachfahrmessungen – beträgt der Sicherheitsabzug bei einer Nachfahrstrecke unter 500 Metern 15 Prozent, bei einer längeren Nachfahrstrecke noch zehn Prozent.

Die happigen Bussen, die für schon geringe und erst recht für markante Überschreitungen der Höchstgeschwindigkeit ausgesprochen werden, sollten eigentlich zu vermehrter Vorsicht führen. Denn jeder Autofahrer weiss aus Erfahrung, wie leicht es ist, aus Unachtsamkeit – oder auch absichtlich – «über den Strich» zu geraten: Wer sich strikte an die Tempolimiten hält, fühlt sich angesichts des intensiven Überholverkehrs oft als Verkehrshindernis. Selbst eine saftige Busse wird offenbar von vielen Zeitgenossen leichten Herzens in Kauf genommen; Geschwindigkeitsüberschreitungen gelten vielerorts immer noch als Kavaliersdelikt.

Anders ist es hingegen mit dem Fahrausweisentzug: Diese Administrativmassnahme «beisst» empfindlich und kann bei Leuten, die beruflich aufs Auto angewiesen sind, sogar Probleme mit dem Arbeitgeber bereiten. Die bis vor kurzem «harte» Grenze von 30 Stundenkilometern über dem Limit als Entzugsgrund ist vom Bundesgericht allerdings in Frage gestellt worden: Zu beurteilen hatte das höchste Schweizer Gericht den Fall eines Mannes, der nachts auf der Autobahn (Höchstgeschwindigkeit 100 Stundenkilometer) mit Tempo 137 in eine Kontrolle geraten war. Die Busse hatte er anstandslos bezahlt, hingegen wehrte er sich bis vor Bundesgericht gegen den sechsmonatigen Fahrausweisentzug. Und die Lausanner Richter gaben ihm recht: Die Überschreitung der Höchstgeschwindigkeit um 31 Stundenkilometer (37 abzüglich Toleranzmarge von sechs) sei zwar kein leichter Fall. Angesichts verschiedener günstiger Umstände (Wetter, Strassenzustand, kaum Verkehr) könne anderseits doch nicht von einer schweren Verkehrsgefährdung gesprochen werden, so dass kein obligatorischer Entzugsgrund vorliege. Die Vorinstanz wurde deshalb angewiesen, vom obligatorischen Entzug abzusehen und den Fall neu zu beurteilen. Dabei seien auch der bisherige automobilistische Leumund des Fahrers und sein berufliches Interesse am Fahrausweis zu berücksichtigen.

Der «kaputte» Tachometer

Immer wieder gibt es Schlaumeier, die – als Schnellfahrer erwischt – versuchen, sich mit dem Argument aus der Affäre zu ziehen, der Tachometer habe eine erlaubte Geschwindigkeit angegeben. Die Gerichte lassen diese «Entschuldigung» allerdings nur in seltenen Fällen gelten. Drei Beispiele zeigen die Grenzen:

- Fahrer A. wurde bei einer signalisierten Höchstgeschwindigkeit von 100 mit 19 Stundenkilometern zuviel erwischt und machte geltend, der Tacho habe nicht richtig funktioniert. Das Gericht akzeptierte diese Entschuldigung mit folgender Begründung: Die Geschwindigkeit werde primär durch den Tachometer ermittelt, aber auch durch die übrigen Sinnesorgane wahrgenommen. Es sei möglich, dass auch einem erfahrenen Autolenker diese geringe Überschreitung nicht unbedingt auffalle. Das Gericht machte dem Fehlbaren deshalb keinen Vorwurf daraus, dass er die fehlerhafte Tachoanzeige nicht bemerkt hatte.
- Anders bei Fahrer B.: Er fuhr 33 Stundenkilometer zu schnell durch ein Dorf (Höchstgeschwindigkeit: 60) und verwies auf einen defekten Tacho. Bei einer gefühlsmässigen Überprüfung der Geschwindigkeit hätte der Lenker laut Gericht merken

müssen, dass er mit übersetzter Geschwindigkeit innerorts unterwegs war. Das Gericht fand, es habe sich nicht um einen leichten Fall gehandelt, und verurteilte den Fehlbaren.

- Fahrer C. war auf der Autobahn (damals noch Höchstgeschwindigkeit 130) mit 162 Stundenkilometern unterwegs und gab als Grund dafür an, die Beleuchtung des Armaturenbretts habe nicht funktioniert. Die Busse von 500 Franken und fünf Tage Haft wurden vom Bundesgericht bestätigt: Der Fahrer wäre verpflichtet gewesen, so langsam zu fahren, dass er die Höchstgeschwindigkeit mit Sicherheit hätte einhalten können.

Andere Länder, andere Sitten

Auch am Beispiel Schnellfahren lässt sich wieder einmal das Sprichwort von den anderen Sitten in anderen Ländern illustrieren: In den Niederlanden haben die Behörden vor kurzem begonnen, Autos zu *konfiszieren,* wenn der Fahrer die Tempolimiten um mehr als 50 Stundenkilometer überschritten hat. Und zwar auch dann, wenn es sich um geliehene, gemietete oder geleaste Fahrzeuge handelt. Die neue Praxis stützt sich auf eine Bestimmung des Strafgesetzbuches, wonach Gegenstände beschlagnahmt werden können, mit denen eine Straftat begangen wurde. Eine ähnliche Formulierung enthält auch das Schweizer Strafgesetzbuch. Es gibt Bestrebungen, diese in Fällen schweren Rowdytums mit verletzten oder getöteten Menschen auf ähnliche Weise anwenden zu lassen.

Der Fahrausweisentzug

Lange nicht allen Automobilisten ist klar, dass der Entzug des Fahrausweises keine *Strafe* im Sinne des Gesetzes ist, sondern eine *administrative Massnahme* der Behörde, die ihn ausgestellt hat

(Strassenverkehrsamt, Polizeidirektion, Polizeidepartement des Wohnkantons). Dabei gibt es zwei Entzugsarten:

- der im voraus auf bestimmte Fristen beschränkte Warnungsentzug (überwiegende Mehrzahl der Fälle)
- der Sicherungsentzug (bei körperlicher oder geistiger Unfähigkeit, ein Auto zu lenken; bei Krankheiten, Gebrechen, Süchten, Unverbesserlichkeit), der so lange andauert, wie der Grund dafür besteht.

Überdies ist die Polizei befugt, Fahrausweise abzunehmen, wenn sich der Lenker in einem Zustand befindet, «der die sichere Führung ausschliesst», oder wenn er aus anderen gesetzlichen Gründen nicht fahren darf. Folgende Gesetzesbestimmungen befassen sich mit dem Thema Fahrausweisentzug:

Artikel 16 SVG:

1. Ausweise und Bewilligungen sind zu entziehen, wenn festgestellt wird, dass die gesetzlichen Voraussetzungen zur Erteilung nicht oder nicht mehr bestehen; sie können entzogen werden, wenn die mit der Erteilung im Einzelfall verbundenen Beschränkungen oder Auflagen missachtet werden.

2. Der Führer- oder Lernfahrausweis kann entzogen werden, wenn der Führer Verkehrsregeln verletzt und dadurch den Verkehr gefährdet oder andere belästigt hat. In leichten Fällen kann eine Verwarnung ausgesprochen werden.

3. Der Führer- oder Lernfahrausweis muss entzogen werden, wenn der Führer
   a) den Verkehr in schwerer Weise gefährdet hat;
   b) in angetrunkenem Zustand gefahren ist;
   c) nach Verletzung oder Tötung eines Menschen die Flucht ergriffen hat;
   d) ein Motorfahrzeug zum Gebrauch entwendet hat;
   e) nicht bestrebt oder nicht fähig ist, ohne Gefährdung oder Belästigung anderer zu fahren;
   f) ein Motorfahrzeug zur Begehung eines Verbrechens oder mehrmals zu vorsätzlichen Vergehen verwendet hat.

Artikel 17 SVG:

1. Die Dauer des Entzugs von Führer- oder Lernfahrausweisen ist nach den Umständen festzusetzen; sie beträgt jedoch
   a) mindestens einen Monat;
   b) mindestens zwei Monate, wenn der Führer in angetrunkenem Zustand gefahren ist;
   c) mindestens sechs Monate, wenn der Führer trotz Ausweisentzuges ein Motorfahrzeug geführt hat oder wenn ihm der Ausweis wegen einer Widerhandlung entzogen werden muss, die er innert zwei Jahren seit Ablauf des letzten Entzuges begangen hat;
   d) mindestens ein Jahr, wenn der Führer innert fünf Jahren seit Ablauf eines früheren Entzuges wegen Fahrens in angetrunkenem Zustand erneut in diesem Zustand gefahren ist.
2. Dem Unverbesserlichen ist der Ausweis für dauernd zu entziehen.
3. Ein für längere Zeit entzogener Ausweis kann nach Ablauf von mindestens 6 Monaten bedingt und unter angemessenen Auflagen wieder erteilt werden, wenn angenommen werden darf, die Massnahme habe ihren Zweck erreicht. Werden diese Auflagen missachtet oder täuscht der Führer in anderer Weise das in ihn gesetzte Vertrauen, so ist der Ausweis wieder zu entziehen.

Artikel 54 SVG:

2. Befindet sich ein Fahrzeugführer in einem Zustand, der die sichere Führung ausschliesst, oder darf er aus einem anderen gesetzlichen Grund nicht führen, so verhindert die Polizei die Weiterfahrt und nimmt den Führerausweis ab.
3. Hat sich ein Motorfahrzeugführer durch grobe Verletzung wichtiger Verkehrsregeln als besonders gefährlich erwiesen oder hat er mutwillig vermeidbaren Lärm verursacht, so kann ihm die Polizei auf der Stelle den Führerausweis abnehmen.
4. Von der Polizei abgenommene Ausweise sind sofort der Entzugsbehörde zu übermitteln; diese entscheidet unverzüglich über den Entzug. Bis zu ihrem Entscheid hat die polizeiliche Abnahme eines Ausweises die Wirkung des Entzuges.

Das Vorgehen der Behörden beim Entzug des Fahrausweises ist als Verwaltungsverfahren anders als ein Gerichtsverfahren. Vor allem muss man einen anderen Instanzenweg (Kantonsregierung, Verwaltungsgericht) einschlagen, wenn man den Entscheid der Vorinstanz nicht akzeptiert. Im übrigen kann man sich aber auch im Verwaltungsverfahren zum Sachverhalt äussern und Entlastungsgründe anführen. Auf der Entzugsverfügung muss vermerkt sein, wo und innert welcher Frist der Entscheid angefochten werden kann. Wer von einem Entzug besonders hart betroffen wäre, weil er beispielsweise weitab öffentlicher Verkehrsmittel wohnt oder invalid ist, gilt als «entzugsempfindlich», was zu kürzeren Entzugsdauern führt.

Die Fahrausweisentzugs-Versicherung

Eher als Kuriosität sei die Versicherungsgesellschaft St. Christophorus in Immensee SZ erwähnt, bei der man sich gegen die finanziellen Folgen des Fahrausweisentzugs absichern kann. Dies ist rechtlich deshalb möglich, weil der Fahrausweisentzug keine Strafe ist. Für Jahresprämien von 71, 295 oder 812 Franken erhält man bei einem Fahrausweisentzug 333, 1000 oder 2500 Franken im Monat, höchstens aber 4000, 12 000 oder 30 000 Franken. Damit soll man sich ein Abonnement für die öffentlichen Verkehrsmittel oder ein Taxi leisten können. Von den etablierten Versicherungsgesellschaften belächelt oder als unmoralisch eingestuft, behauptet die St. Christophorus, in dieser Marktlücke ganz nett leben zu können.

Der Kursbesuch als Administrativmassnahme

Nur in einigen Kantonen angewendet wird die in Artikel 25 Absatz 3 stipulierte, wenig bekannte Möglichkeit, wiederholt straffällig gewordene Fahrzeuglenker zu einer sogenannten Nachschulung zu verknurren. Auch dies ist eine Administrativmassnahme wie der Fahrausweisentzug. Zu Kosten zwischen 80 und 300 Franken – vom

Teilnehmer zu berappen – werden in jeweils eintägigen Kursen Verkehrsregeln, das Thema Alkohol und Fahrtechnik unterrichtet. Diese Kurse werden vor allem in den Kantonen Bern, Zürich und St. Gallen als Massnahme verfügt.

Der Vollständigkeit halber sei erwähnt, dass auch eine Verwarnung als Administrativmassnahme möglich ist. Eine solche Androhung eines Fahrausweisentzugs wird dann ausgesprochen, wenn die Umstände so sind, dass es für die Massnahme selbst nicht ganz reicht. Eine Verwarnung hat in etwa den Stellenwert einer bedingten Verurteilung, wird registriert und wirkt im Wiederholungsfall verschärfend.

Ordnungsbussen für Bagatellen

Auch dem schweizerischen Gesetzgeber ist nicht verborgen geblieben, dass es wichtigere und unwichtigere Verstösse gegen die vielen Strassenverkehrsvorschriften gibt. Aus diesem Grund ist 1970 das Ordnungsbussenverfahren mit einheitlichen «Tarifen» für Bagatell-Zuwiderhandlungen eingeführt worden. Das Ordnungsbussengesetz sagt folgendes:

- Ordnungsbussen sind nicht möglich, wenn der Täter Personen gefährdet oder verletzt oder Sachschaden verursacht hat, wenn die Widerhandlung nicht durch einen ermächtigten Polizisten beobachtet wurde sowie bei Widerhandlungen von Kindern.
- Polizisten dürfen Ordnungsbussen nur erheben, wenn sie die Dienstuniform tragen. (Ausnahmen sind für den ruhenden Verkehr und für ländliche Verhältnisse möglich.)
- Ordnungsbussen werden im Zentralstrafregister (siehe «Registriert in alle Ewigkeit?» Seite 182) nicht eingetragen.
- In den kantonalen Strafregistern werden Bussen ab 80 Franken eingetragen (Rotlicht-Überfahren und Geschwindigkeitsüberschreitungen von 11 bis 15 Stundenkilometern).

- Ordnungsbussen belaufen sich auf höchstens 100 Franken.
- Bussen, die nicht ins kantonale Register eingetragen werden, können sofort und ohne weitere Gebühren bezahlt werden. Die Quittung enthält den Namen des Täters nicht.
- Das Ordnungsbussenverfahren kann abgelehnt und eine richterliche Beurteilung (ordentliches Strafverfahren) verlangt werden.
- Ordnungsbussen können auch im ordentlichen Verfahren ausgesprochen werden.
- Es können gleichzeitig mehrere Widerhandlungen mit einer Ordnungsbusse geahndet werden. Die Summe mehrerer Bussenbeträge darf dabei aber 150 Franken nicht übersteigen.

Die vollständige Liste der Bagatellsünden, die mit Ordnungsbussen bestraft werden können, umfasst vier eng beschriebene Seiten (Bussenliste, auch Bussenkatalog genannt). Daraus ein Auszug:

10 Franken Busse stehen auf Lernfahrten ohne L-Schild, auf das Nichtentfernen des L-Schildes, wenn keine Lernfahrt stattfindet, sowie auf das Nichtmitführen der vorgeschriebenen Ausweise.

20 Franken Busse sind für das Überschreiten der Parkzeit um bis zu zwei Stunden, für Umparkieren, Nichtanbringen oder Falschbedienen der Parkscheibe, Nachzahlen, Parkieren auf dem Radstreifen, Fahren ohne Sicherheitsgurten oder ohne Licht zu berappen.

30 Franken Busse lautet der Tarif für Parkieren auf Hauptstrassen ausserorts, Überziehen der Parkzeit um zwei bis vier Stunden, Halten auf dem Pannenstreifen einer Autobahn ohne Notlage sowie Verwenden von Spikesreifen ausserhalb der erlaubten Zeit.

40 Franken Busse hat zu bezahlen, wer auf einem Fussgängerstreifen, einer Einspurstrecke oder neben einer Sicherheits- oder Doppellinie anhält, wer eine Autobahn oder Autostrasse mit einem nicht zugelassenen Fahrzeug benützt oder auf einer Autobahn ein Vehikel weiter als bis zur nächsten Ausfahrt abschleppt.

50 Franken Busse drohen für das Nichtbeachten von Vorschriftssignalen wie Fahrverbot, Abbiegeverbot, Schneeketten-Obligatorium.

60 Franken Busse kostet es, auf einem Fussgängerstreifen, einer Einspurstrecke oder neben einer Sicherheits- oder Doppellinie zu parkieren.

80 Franken Busse sind für das Überfahren eines Rotlichts fällig.

100 Franken Busse, die höchstmögliche im Ordnungsbussenverfahren, gibt es für das Überschreiten der Höchstgeschwindigkeit um 11 bis 15 Stundenkilometer.

Tips:

- Auf jeder Ordnungsbusse ist vermerkt, wo, wie und bis wann Sie sich gegen die Verfügung wehren können. Machen Sie davon Gebrauch, wenn Sie sich ungerecht behandelt fühlen; auch der Polizist, der Sie aufschreibt, kann sich einmal irren.
- Sie sind berechtigt, das Ordnungsbussenverfahren abzulehnen und das sogenannte ordentliche Verfahren vor einem Richter zu verlangen. Die Erfahrung zeigt aber, dass dieses Vorgehen nur in ganz seltenen Fällen zum Erfolg führt; in allen anderen Fällen kommen zur Busse noch die Verfahrensgebühren hinzu.
- Die Ordnungshüter können von einer Ordnungsbusse absehen und den Täter verzeigen, wenn sie annehmen, dieser bedürfe wegen mehrfacher Wiederholung einer strengeren Strafe. In diesem ordentlichen Verfahren wird der Täter kostenpflichtig (Gerichtsgebühren, Schreibgebühren usw.), und bei der Festsetzung der Bussenhöhe wird die Tatsache der Wiederholungstat berücksichtigt.

Registriert in alle Ewigkeit?

Seit der Fichen-Affäre ist das Thema der amtlichen Registrierung von mehr oder minder wichtigen Tatbeständen in der Schweiz ein Politikum geworden – mit dem Effekt, dass verschiedene Informationssammlungen auf ihre Bedeutung überprüft und da und dort aufs Wesentliche reduziert worden sind oder noch werden. Die Eintragung von Strafen und Massnahmen ins eidgenössische Zentralstrafregister sowie in die 26 kantonalen Strafregister macht davon keine Ausnahme. Zum Zeitpunkt, da dieses Buch geschrieben wurde, lief eine Vernehmlassung über einen Vorschlag, solche Eintragungen beträchtlich zu reduzieren. Die Verhältnisse bis zur Drucklegung des Buches waren folgendermassen:

- Ins eidgenössische Zentralstraf- oder Vorstrafenregister eingetragen wurden sämtliche Übertretungen (Haft oder Busse), Vergehen (Gefängnis oder Busse) und Verbrechen (Zuchthausstrafen) gemäss Artikel 9 und 101 des Strafgesetzbuches. Das SVG kennt nur Übertretungen und Vergehen.

- In die kantonalen Strafkontrollen fanden Bussen von 80 bis 500 Franken wegen Übertretungen sowie Administrativmassnahmen (Fahrausweisentzug usw.) Eingang.

Neu hat das Eidgenössische Justiz- und Polizeidepartement die Änderung verschiedener Verordnungen vorgeschlagen, wonach im Zentralstrafregister keine Übertretungen mehr und in den kantonalen Strafregistern nur noch Widerhandlungen gespeichert werden sollen. Deutlich reduziert werden sollen auch die *Fristen* für die Aufbewahrung dieser Daten. Auch im Amtsjargon «gelöschte» Vorstrafen und Registereinträge bleiben nämlich nach den bisherigen Richtlinien noch bis zu 15 Jahre (!) lang für Untersuchungsämter und Strafgerichte ersichtlich und trüben damit so lange den automobilistischen Leumund. Neu sollen bedingte Freiheitsstrafen bis drei Monate und Bussen fünf Jahre nach Ablauf der Probezeit (ein bis zwei Jahre) vollständig aus den Registern entfernt werden. Die bedingten Freiheitsstrafen zwischen 3 und 18 Monaten sollen zehn Jahre nach Ablauf der Probezeit verschwinden.

Für weitergehende Änderungen ist eine Revision des Strafgesetzbuches nötig; eine solche läuft zur Zeit, es wird aber noch Jahre dauern, bis sie in Kraft treten kann.

8. Kapitel

Auto der Zukunft – Zukunft des Autos

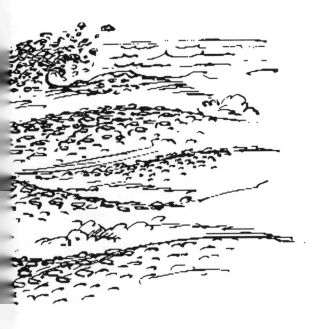

Der Patient Verkehr liegt auf der Intensivstation

Interview mit dem Zukunftsforscher und Schriftsteller Frederic Vester zu seinem Buch «Ausfahrt Zukunft» über Strategien für den Verkehr von morgen:

Die vielleicht umwälzendste Idee Ihres Buches besteht darin, das Auto «stationär» zu machen.

Frederic Vester: «Die grundlegende Frage ist: Muss man den Motor überhaupt mitnehmen? Man kann den doch auch zu Hause lassen. Ein stationärer Verbrennungsmotor als Autoantrieb ist durchaus nicht paradox. Es lässt sich eine Entwicklung vorstellen, bei der eine dezentrale Energieerzeugung in jedem Privathaus in Form eines stationär laufenden Motors als Miniblockheizkraftwerk zugleich Wärme und Strom liefert. Die Motorabwärme könnte das Haus heizen. Der anfallende Strom würde Batterien für Fahrzeuge und andere Speichermodule aufladen. Im Sommer und an hellen Wintertagen können Solarzellen und Solartankstellen die Stromversorgung ergänzen oder ganz übernehmen, der Stromüberschuss könnte ins Netz eingespiesen werden.»

> **«Die grundlegende Frage ist: Muss man den Motor überhaupt mitnehmen?»**

In der Öffentlichkeit war bisher aus Ihrem Buch vor allem die Idee bekannt, leichte, kurze Elektromobile mit einem Spezialeisenbahnwagen zu transportieren...

«Es ärgert mich manchmal, dass die Idee der querparkenden Autos in den Zügen immer so hochgejubelt wird. Das ist nur ein Übergangszustand, der die Leute ein wenig locken soll, einen City-Car zu kaufen, wenn sie die Aussicht haben, den auch auf den Zug stellen zu können. Selbst wenn sie das gar nicht nutzen. Ohne diese Möglichkeit würden sie nie ein Auto kaufen, von dem sie annehmen, dass sie es nur in der Stadt fahren können. Das Ziel kann aber nur heissen: Wechselautos.»

Die Autoindustrie, an die Sie im Buch oft appellieren, wird die verkehrspolitische Wende kaum herbeiführen.
«Vielleicht ist es die Verkehrskatastrophe selbst. Vielleicht geht es bei einer Umweltkatastrophe plötzlich sehr schnell. Der Temperaturanstieg durch den Treibhauseffekt kann rasch dazu führen, dass ganze Landstriche überschwemmt werden. Dann steht nicht nur halb Bangladesch unter Wasser, dann gehen die Leute dort auch weg. Das könnte einen Strom von Millionen von Öko-Flüchtlingen zur Folge haben, gegen den unsere heutigen Asylbewerber-Fragen ein ganz kleines Problem sind. Das ist nur eine von hundert möglichen Katastrophen, von denen eine mit Sicherheit eintritt. Möglicherweise hat auch der Golfkrieg sehr viele Leute zur Besinnung gebracht, weil der Hintergrund des Golfkrieges letzten Endes das Öl war.»

> **«Vielleicht geht es bei einer Umweltkatastrophe plötzlich sehr schnell.»**

Heisst das, dass wir nur neue Energien brauchen oder auch ein anderes Verhältnis zur Mobilität entwickeln müssen?
«Der Patient Verkehr liegt gleichsam mit einem Herzinfarkt auf der Intensivstation. Er wird noch künstlich am Leben erhalten. Das Hauptziel muss jetzt Verkehrsvermeidung sein. Jeder Schritt, den Verkehr zu erleichtern, ist in dieser Hinsicht ein weiterer krankmachender Faktor. Es ist eine grandiose Verschwendung, erst den Verkehr zu erleichtern, um nachher wieder Stolperschwellen einrichten zu müssen.»

Welches sind die dringendsten politischen Massnahmen?
«Marktinstrumente, Steuern, drastische Treibstoff-Preiserhöhungen, Kombinationen davon. Der Transport wird bekanntlich subventioniert, auch zum Beispiel der Transport von Kunstdünger. Das wie-

derum führt zur Intensivlandwirtschaft mit all ihren Problemen: Das Ganze ist eine einzige Krebsgeschwulst. Es muss den Menschen klar werden, dass eine Lösung im Verkehr gleichzeitig drei, vier andere Probleme löst.»

Die Schweiz wird in Ihrem Buch häufig als gutes Beispiel erwähnt. Sind wir wirklich vorbildlich?
«Der Basler Tarifverbund war sicher beispielhaft und hat Nachahmer gefunden. Mit grossem Interesse sehe ich auch der Bahn 2000 entgegen. Die Vorbildlichkeit hängt wohl weniger mit einem besonders guten Charakter der Schweizer zusammen als mit der grossen Selbständigkeit der Gemeinden und mit dem Fehlen einer eigenständigen Automobilindustrie. Es hängt auch ein wenig mit dem Management zusammen, das sich in der Schweiz selbst in Frage zu stellen bereit ist. Institutionen wie das Gottlieb-Duttweiler-Institut in Rüschlikon oder die Hochschule in St.Gallen haben zweifellos mitgeholfen, eine gewisse Beweglichkeit im Denken zu schaffen.»

Umwelt, Sparsamkeit, Sicherheit

Vesters Ideen mögen dem einen oder anderen zu weit gehen oder unrealistisch erscheinen. Trotzdem ist eindeutig, und auch die Auto-Ingenieure Europas, der USA und Japans haben erkannt: Wenn das Individualverkehrsmittel Auto längerfristig eine Zukunft haben soll, muss es umweltfreundlicher, sparsamer und sicherer werden. Diese drei Ziele, die sich teilweise ergänzen, teilweise aber auch widersprechen, verfolgt die aktuelle Forschung weltweit. Dabei setzen die Entwicklungstechniker vor allem auf elektronische Steuerungen für sämtliche Zwecke.

Ein wichtiger Einfluss auf die Zukunft des Autos und das Auto der Zukunft geht von politischen Entscheiden aus: Massiv teurere Treibstoffe – sei es wegen kriegerischer Ereignisse in den ölproduzierenden Regionen der Welt oder wegen Einführung von neuen Gesetzen (Beispiel Ökobonus) – würden die Nachfrage nach sparsamen Fahrzeugen steigen lassen. Die Einführung von niedrigeren Geschwindigkeitslimiten oder von Massnahmen zum Schutz der Innenstädte vor Verkehrsüberflutung hätte ähnliche Auswirkungen, ebenso Vorschriften zur Verbrauchsbegrenzung oder strengere Abgashöchstwerte.

Zum Beispiel Ökobonus

Der Ökobonus ist ein Modell, welches das Verursacherprinzip im Verkehr auf die Umwelt auszudehnen versucht: Wer mit einem Verkehrsmittel wie dem Auto herumfährt, das mit Lärm und Abgasen die Umwelt belastet, soll dafür über den massiv erhöhten Benzinpreis (zum Beispiel zwei Franken Öko-Zuschlag pro Liter) zur Kasse gebeten werden.

Das Geld würde in einen Fonds gelegt, aus dem alle Bewohner des Landes einen gleich grossen Betrag erhielten. Für durchschnittliche Autobenützer somit ein Nullsummenspiel, für Vielfahrer eine negative finanzielle Bilanz, und für Kaum- oder Nicht-Autobenützer ein finanzieller Vorteil.

Konkret könnte der Ökobonus in der Schweiz mit ihrem jährlichen Treibstoffverbrauch von sechs Milliarden Litern wie folgt aussehen: Man kann davon ausgehen, dass die verbrauchte Benzin- und Dieselmenge wegen der erhöhten Kosten auf vier Milliarden Liter sinkt. Zu verteilen wären bei zwei Franken Öko-Zuschlag somit acht Milliarden Franken unter 5,1 Millionen Erwachsene und 1,5 Millionen Kinder, denen der halbe Betrag zustehen würde. Dies ergibt 1360 Franken je erwachsene Person oder 4080 Franken für eine Familie mit zwei Kindern – egal ob Autofahrer oder nicht.

Das rückerstattete Geld kann die Familie dazu benützen, ihre Transportbedürfnisse auf andere Art zu befriedigen sowie die durch den Ökobonus verteuerten Güter zu bezahlen. Für Industrie und Gewerbe entstünde ein Anreiz, die Strassentransporte auf ein Minimum zu reduzieren, um entsprechend konkurrenzfähiger zu sein.

Der Ökobonus ist politisch eine umstrittene Idee, weil die Einführung mit grossem technischem und administrativem Aufwand verbunden wäre. Überdies wird bezweifelt, dass unsere Gesellschaft heute mehrheitlich bereit ist, derartige Einschränkungen der individuellen Mobilität und der Wahl des Verkehrsmittels hinzunehmen.

Wenn auch der allgemeine Trend in Richtung Ökologie, Ökonomie und Sicherheit läuft, so kann es doch Gegenentwicklungen geben. So hat zwischen 1980 und 1989 – Umweltschutz hin oder her – der Treibstoffverbrauch in der Schweiz um 30 Prozent zugenommen, obschon Autos mit sparsameren Motoren auf den Markt gekommen und vermehrt Geschwindigkeitsbeschränkungen eingeführt worden sind. Dies aus folgenden Gründen:

- Inverkehrsetzung von mehr und grösseren Autos
- Grosse Verbreitung von Fahrzeugen mit Vierradantrieb (4WD), die bei gleicher Leistung etwa fünf bis zehn Prozent mehr Treibstoff verbrauchen als ein normal angetriebener PW
- Starke Nachfrage nach speziell breiten Reifen mit hohem Rollwiderstand

- Mehrverbrauch durch den Einsatz des Katalysators
- Aufkommen von Grossraum-Limousinen mit höherem Luftwiderstand.

Mit dem Satz: «Der Kunde ist König!» rechtfertigen die Hersteller ihr Eingehen auf solche Marktentwicklungen. Logische Konsequenz: Sobald die Kunden ökologisch unbedenklichere, preisgünstigere und sicherere Autos verlangen, werden diese auch gebaut. Das Mittelklasseauto mit einem durchschnittlichen Verbrauch von nur drei Litern Treibstoff auf 100 Kilometer und entsprechend geringerem Abgasausstoss ist heute technisch kein Problem mehr; es kommt aber erst bei genügend hohem Nachfragedruck in den Verkauf. Die

---

Was hat der Katalysator gebracht?

Über den Nutzen des Katalysators für die Umwelt gibt es noch keine gesicherten Aussagen. Einerseits reduziert die Abgasreinigungsanlage die Stickoxyde (NOx) auf etwa 10 bis 20 Prozent der Werte, die von einem gleichen Motor ohne Katalysator erzielt werden, der Ausstoss von Kohlenmonoxyd (CO_2) ist gleich hoch, und die Kohlenmonoxyd-Abgabe (CO) an die Umwelt wird sogar auf etwa vier Prozent reduziert. Allerdings gilt dies nicht für die ersten beiden Kilometer einer Fahrt, da der Katalysator erst im warmen Zustand richtig funktioniert. Anderseits steigt der Ammoniak-Gehalt der Abgase um das Zwölffache. (Ammoniak ist eine stechend riechende Stickstoff-Wasserstoff-Verbindung, über deren Auswirkungen auf die Umwelt wenig bekannt ist.) Zudem führt der Einsatz des Katalysators zu einer geringfügigen Erhöhung des Benzinverbrauchs. In mehreren Ländern wird zur Zeit versucht, diese verschiedenen Auswirkungen gegeneinander aufzurechnen, um so eine stichhaltige Aussage über den Nutzen des Katalysators beispielsweise für eine Region oder ein ganzes Land zu erhalten.

Auto-Umweltliste des VCS bewertet die hundert gebräuchlichsten Fahrzeugtypen der Schweiz nach ökologischen Kriterien (siehe Anhang Seite 209).

Woran arbeiten die Autobauer?

Auf den folgenden Seiten erhalten Sie einen alphabetisch geordneten Überblick über Ziele, Methoden und Ergebnisse der Zukunftsarbeit am Auto.

Elektromobile/Hybridfahrzeuge

Bereits heute wird ein rundes Dutzend Elektromobile quasi «ab der Stange» angeboten, und es wird weiter an Verbesserungen getüftelt. Hauptproblem bilden voraussichtlich noch auf einige Zeit das hohe Gewicht und die geringe Energiedichte der Batterien. Der Aktionsradius und die Transportkapazität der Elektromobile sind dadurch beschränkt, vor allem, wenn auch Heizung, Licht und Scheibenwischer benötigt werden. Grössere Transporte liegen kaum drin.

Neben den Normalenergie-Batterien auf der Basis Blei, Nickel-Eisen und Nickel-Cadmium wird an Hochenergie-Batterien mit den Elementen Zink-Brom, Natrium-Schwefel und Natrium-Nickelchlorid gearbeitet. Trotz schöner Erfolge ist die Energieausbeute im Verhältnis zum Gewicht (Energiedichte) noch immer ungenügend. Die hohen Betriebstemperaturen von über 300°C können eine Gefahr darstellen, und verschiedene der verwendeten Materialien (zum Beispiel Cadmium und Natrium) bereiten bei der Entsorgung Schwierigkeiten.

Vor allem in der Untervariante Solar-Fahrzeuge bleiben deshalb für die reinen Elektrofahrzeuge lediglich eng begrenzte Nischen, in denen sie einen Zweck erfüllen können. Beim aktuellen

Stand der Technik sind ihre Vorteile und Einsatzmöglichkeiten eher mit denjenigen eines Motorfahrrads mit Witterungsschutz als mit einem herkömmlichen Auto vergleichbar – bei happigen Kosten. Die Vorteile der Elektrizität kommen vor allem im Einsatz von liniengebundenen öffentlichen Verkehrsmitteln (Bahnen, Trolleybusse) zur Geltung Zu bedenken bleibt zudem: Auch Elektrizität steht nicht unbeschränkt zur Verfügung. Der Zusatzkonsum aus der Steckdose schafft neue Probleme. Idealerweise müssten Elektroautos deshalb mit alternativ gewonnener elektrischer Energie betrieben werden können.

Die Solar- und Elektromobil-Forschung ist indes nicht unnütz und wird mit grossem Eifer vorangetrieben. Bereits heute sind Autokühlungs-Einrichtungen, die mit Solarzellen gespiesen werden, serienreif.

Grosse Entwicklungsmöglichkeiten werden aber auch dem Elektroantrieb in Kombination mit einem Verbrennungsmotor eingeräumt. Erste derartige Hybrid-Vehikel (Hybrid = Zwitter) verkehren bereits und geben Anlass zu grossen Hoffnungen. In solchen Fahrzeugen kann man wahlweise elektrisch (leise und abgasfrei, vor allem in Agglomerationen) oder mit dem Verbrennungsmotor (für hohe Geschwindigkeiten und ausserorts) verkehren; in der Regel übernimmt ein Computer die Wahl des vorteilhafteren Antriebs. Zudem laden der Motor und allenfalls rückgeführte Bremsenergie die Batterie laufend auf.

Motoren

Generell arbeiten die Ingenieure an der Optimierung sämtlicher bekannter Motorenprinzipien sowie der Motoren-Kenngrössen wie Gemischbildung, Gemischverteilung, Zündung, Verbrennungsturbulenzen usw. Dabei setzen sie, um beste Resultate zu erzielen, vor allem auf Computer für die Steuerung der verschiedenen Arbeitsabläufe. Ein Verbrauchsziel von etwa drei Litern Treibstoff auf 100 Kilometer für untere Mittelklassewagen (1500-Kubikzentimeter-

Motoren) darf für die nächsten fünf Jahre als realistisch bezeichnet werden. Dem selben Ziel dient auch, dass die Motoren der nächsten Generation leichter werden sollen, dank dem Einsatz von neuartigen Werkstoffen wie zum Beispiel kohlefaserverstärkten Teilen. Neben dem herkömmlichen Benzinmotor, an dessen Verbesserung die Ingenieure selbstverständlich auch arbeiten, stehen zur Zeit folgende Funktionsprinzipien im Vordergrund des Interesses:

- Im Moment findet vor allem eine Renaissance des *Dieselmotors* statt, der den fossilen Treibstoff Erdöl mit Abstand am sparsamsten nutzt. Zudem können die neuesten serienmässigen Direkteinspritz-Dieselaggregate die strengen Schweizer Abgasnormen einhalten. Mit Russfilter (der Dieselruss gilt als krebserregend) fährt der Diesel dem Benziner ökologisch davon.

- Aber auch das gute alte *Zweitakt-Triebwerk* («Trabant»- oder Töffli-Motörchen) hat noch keineswegs ausgedient. Geringeres Gewicht, kompakter, abgasärmer und sparsamer im Verbrauch als der herkömmliche Benzinmotor mit gleicher Leistung – das sind die Vorteile der noch vor kurzem verlachten Technik. Obendrein ist die Herstellung solcher Motoren deutlich günstiger. Wenn der hohe Ölverbrauch von über drei Litern auf 100 Kilometer verbessert werden kann, hat dieser Antrieb durchaus Zukunft.

- Ähnliches gilt für den *Kreiskolben- oder Wankel-Motor,* der bisher als zu durstig galt. Diesem Nachteil stehen bei gleicher Leistung ein geringeres Gewicht, kompakte Abmessungen und eine kleinere Anzahl beweglicher Teile gegenüber. Neueste Technologien lassen es als möglich erscheinen, das Verbrauchsziel von drei Litern auf 100 Kilometer zu erreichen. Der grosse Vorteil des Wankelmotors liegt im gleichmässigeren Lauf, da sich keine Kolben hin- und herbewegen, sondern das Wankelelement kontinuierlich rundläuft.

- Eine Weiterentwicklung des herkömmlichen Dieselaggregats ist der *Elsbett-Motor,* der vom Deutschen Ludwig Elsbett entwickelt wurde. Dabei ging der Ingenieur gewissermassen den umgekehrten Weg: Statt den Treibstoff dem Triebwerk anzupassen, veränderte er den Motor so, dass er mit unbehandeltem Pflanzenöl auskommt. Erreicht wird dies mit einer tangentialen Einspritzdüse, die das Luft-Gas-Gemisch im Brennraum derart verwirbelt, dass sich die leichteren Brenngase im Zentrum des Brennraums konzentrieren und sich so rascher entzünden. Der wesentliche Vorteil dieses Treibstoffs ist seine bessere Einordnung in den Ökokreislauf: Bei der Verbrennung entsteht gleichviel CO_2, wie die nachwachsenden Pflanzen wieder verbrauchen. Zudem weist der Elsbett-Motor gegenüber dem Dieselmotor einen um fünf Prozent höheren Wirkungsgrad auf. Elsbett-Motoren laufen nicht nur mit reinem Rapsöl, sondern auch mit anderen wie Rizinus- und Palmöl.

- Ein völlig ungewohntes Funktionsprinzip zeichnet den *Stirling-Motor* aus, dessen Grundgedanke schon fast 200 Jahre alt ist. Es geht darum, Gas in einem geschlossenen Kreislauf rasch zu erhitzen und wieder abzukühlen und durch die so erzielte Ausdehnung des Gases einen Kolben anzutreiben. Auffälligstes Konstruktionsmerkmal: Im Stirling-Motor wird der Treibstoff nicht zur Explosion gebracht, sondern verbrennt kontinuierlich. Dadurch können die verschiedensten Brennstoffe bis hin zu Abfällen oder auch Sonnenenergie verwendet werden. Aufgrund seiner Konstruktionsmerkmale ist der Stirling-Motor sehr sparsam, erzeugt entsprechend wenig Schadstoffe und arbeitet fast lautlos. Vielversprechend erscheint vor allem sein Einsatz in Hybrid-Antrieben (siehe «Elektromobile/Hybridfahrzeuge» Seite 192).

Recycling

Das Stichwort Recycling, das heisst die Wiederverwendung von Rohstoffen, wird auch im Automobilbau steigende Bedeutung erlangen. Das beginnt bereits beim Entwurf der zukünftigen Fahrzeuge, deren Elemente vermehrt aus einfach recyclierbaren Materialien bestehen werden, die man zudem so zusammenbauen wird, dass sie mit geringem Aufwand wieder zerlegt werden können. Heute beträgt der Recycling-Anteil bei einem Automobil rund 75 Prozent (vor allem Metalle); durch die Verwendung konsequent bezeichneter und recyclierbarer Kunststoffe kann dieser Anteil weiter erhöht werden. Bereits heute finden erste Elemente aus wiederaufbereiteten Altstoffen (Handschuhfach aus gepresstem Altpapier, Fussmatten aus Altpneu-Gummigranulat usw.) Verwendung.

Während der französische Autohersteller Peugeot eine Recycling-Versuchsanlage eröffnet hat, haben VW und Opel begonnen, eine Rücknahme-, aber keine Wiederverwertungs-Garantie auf ihre Fahrzeuge abzugeben. In ähnlicher Richtung laufen Bestrebungen des Schweizer Autogewerbes, eine sogenannte vorgezogene Entsorgungsgebühr von ungefähr 100 Franken einzuführen, die beim Kauf eines neuen Autos zu bezahlen wären. Die Idee ist allerdings noch nicht entscheidungsreif.

Sicherheit

Die Sicherheitsfrage ist der kontroverseste Aspekt im Automobilbau der Zukunft, da sich Sicherheit und Ökologie oft widersprechen: Vierradantrieb ist sicherer als nur eine angetriebene Achse, aber der Treibstoffverbrauch steigt, und Fahrten über Stock und Stein sind aus Landschafts- und Naturschutz-Gründen nicht unbedenklich. Es hängt davon ab, wie der Gesetzgeber und die politischen Entwicklungen die Randbedingungen setzen. An folgenden Aufgabenstellungen laborieren die Entwicklungsingenieure zur Zeit:

- Radargeräte sollen im Nebel vor vorausfahrenden Autos warnen und beim Parkieren auf Hindernisse aufmerksam machen.
- Elektronische Verkehrs-Leitsysteme sollen die Autolenker ans Ziel bringen, sie frühzeitig über freie und besetzte Parkhäuser informieren, bei Staus warnen und ihnen Umfahrungsrouten vorschlagen.

- Die Ausleuchtung der Strasse durch das Abblendlicht soll mit neuen Techniken (Xenon-Gasentladungslampen statt Halogen-Leuchten) verbessert werden. Neuartige Scheinwerfer werden ebenfalls diesem Ziel dienen und zudem aerodynamischere Formen ermöglichen.

- Der heute noch teure Luftsack im Steuerrad, der sich bei einem Unfall automatisch aufbläst und den Lenker vor schwerwiegenden Verletzungen schützt (Airbag), wird in kleinerer und günstigerer Form als Ergänzung zum Sicherheitsgurt auch in die Mittelklasse vorstossen.

- Verschiedene Reifenfirmen arbeiten an Rädern, bei denen ein Plattfuss während der Fahrt nicht mehr zur Katastrophe führt.

- Anti-Blockier-Systeme werden noch mehr in die untere Mittelklasse vorstossen.

- Als Schutz vor den immer dreisteren Autodieben, die es auf das Fahrzeug selbst oder auf darin deponierte Wertsachen abgesehen haben, wird an verschiedenen Systemen gearbeitet, die beispielsweise den Zündstrom oder die Benzinzufuhr automatisch unterbrechen, wenn nicht ein geheimer Code in den Bordcomputer eingegeben wird.

Treibstoffe

Neben dem allgemein bekannten Benzin oder Dieselöl als Treibstoff befasst sich die Forschung mit einer ganzen Reihe von Energieträgern, die vor allem weniger gefährliche Abfallstoffe verursachen sollen. Ein weiterer Auslöser für solche Forschungen können auch politisch motivierte Bestrebungen gewisser Staaten sein, die von Öllieferungen unabhängig werden wollen. Die Suche nach und die Erprobung von Alternativenergien haben immer dann Konjunktur, wenn die Versorgung der Industriestaaten mit günstigem Öl gefährdet scheint – und umgekehrt.

- *Autogas:* Das auch Flüssiggas oder LPG (Liquified Petroleum Gas) genannte Autogas ist ein Nebenprodukt der Ölraffinerie und wird noch oft abgefackelt. Der Einsatz in Motoren ist technisch kein Problem, verletzt indes die geltenden Schweizer Abgasvorschriften vor allem für Stickoxide (NHx) und Kohlenwasserstoffe (HC). Mit Autogas angetriebene Motoren benötigen etwa 15 bis 20 Prozent mehr Treibstoff, als wenn Benzin verwendet würde. Zudem sind die Kosten für Drucktank und Einbau zu bedenken.

- *Wasserstoff:* Mit Wasserstoff funktionieren konventionelle Motoren problemlos, und dieser Energieträger weist unter den Alternativenergien die höchste Energiedichte auf. Für die Herstellung aus Wasser werden allerdings grosse Mengen elektrischer Energie (Kernkraftwerke) benötigt, und für einen rationellen Transport in flüssiger Form muss der unter Normalbedingungen gasförmige Wasserstoff stark gekühlt und unter Druck gehalten werden.

- *Methan:* Methan ist ein in der Natur vorkommendes Gas (Sumpfgas), das bei der Verrottung von biologischen Substanzen entsteht. Der Abbau der Fäkalien einer Kuh könnte pro Tag ein Kilo Methan ergeben, womit sich ein Kleinwagen etwa 20 Kilometer weit bewegen liesse. Methan hat nach Wasserstoff den höchsten Heizwert pro Gewichtseinheit, muss aber wie dieser unter Druck (300 Atmosphären) gelagert und im Auto mitgeführt werden.

- *Methanol* (Alkohol): Alkohol findet schon seit längerem Verwendung als Treibstoff. Ein Zusatz von zehn Prozent verbessert die Oktanzahl von Benzin. Erst ein Zusatz von mehr als 30 Prozent macht einen Umbau des Motors nötig. Bei der Verbrennung von Methanol entstehen bedeutend weniger schädliche Abgase als beim Einsatz von Benzin. Anderseits ist Methanol giftig und leicht flüchtig, bildet also namentlich in geschlossenen Räumen eine Gefahrenquelle. Seine Energiedichte ist gering. Methanol wird aus Methan, Kohle, Holz, Abfallstoffen, Zucker usw. gewonnen.

- *Rapsöl/Bio-Diesel:* Der aus Rapsöl gewonnene sogenannte Bio-Diesel (Rapsmethylester RME) ist im Vergleich zu fossilen

Brennstoffen umweltfreundlicher. Doch seine Energiebilanz und sein CO_2-Haushalt sind unbefriedigend. Dies hängt damit zusammen, dass dem Rapsöl rund 20 Prozent Methanol beigemischt werden müssen, damit es herkömmliche Dieselmotoren verbrennen können. Andere Motoren (zum Beispiel der Elsbett-Motor; siehe Seite 194) funktionieren indes mit reinem Rapsöl.

Tips:

- Wenn Sie ein Auto kaufen, fahren Sie mit der Wahl eines ökologisch unbedenklicheren Gefährts auch finanziell besser, da diese ihren Wiederverkaufspreis besser halten. Stichworte dazu: kein Benzinmotor ohne Katalysator, Dieselmotor mit Direkteinspritzung und Russfilter, eher kleiner Hubraum.
- Schneiden Sie im Gespräch mit Garagisten und Autohändlern das Thema Ökologie und Autos an. Als Kunde der Autoindustrie haben Sie es in der Hand, den Vertretern dieser Branche ihre Bedenken und Wünsche anzumelden, und bereiten so den Weg für das Auto der Zukunft.

Anhang

Ausweiskategorien

Kategorie

A	Motorräder mit einem Hubraum von mehr als 125 cm^3
A1	Kleinmotorräder und Motorräder mit einem Hubraum bis 125 cm^3
A2	Dreiräder mit einem Gesamtgewicht von nicht mehr als 400 kg (Solarmobile)
B	Motorwagen mit einem Gesamtgewicht von nicht mehr als 3500 kg und mit nicht mehr als acht Sitzplätzen ausser dem Führersitz
B1	Motorwagen der Kategorie B zum gewerbsmässigen Personentransport
C	Motorwagen zur Güterbeförderung mit einem Gesamtgewicht von mehr als 3500 kg
C1	Schwere Feuerwehrmotorwagen mit Arbeitsgeräten
D	Schwere Motorwagen zur Personenbeförderung mit mehr als acht Sitzplätzen ausser dem Führersitz
D2	Kleinbusse mit einem Gesamtgewicht von nicht mehr als 3500 kg
D1	Kleinbusse zum gewerbsmässigen Personentransport
E	Anhänger an Motorwagen der Kategorie B, C oder D, für die nicht schon der Führerausweis dieser Kategorie berechtigt
F	Motorfahrzeuge mit einer Höchstgeschwindigkeit bis 40 km/h, unter Ausschluss gewerbsmässiger Personentransporte
G	Landwirtschaftliche Motorfahrzeuge

Kategorie	Berechtigt für												
	A	**A1**	**A2**	**B**	**B1**	**C**	**C1**	**D**	**D1**	**D2**	**E**	**F**	**G**
A	●	●											●
A1		●											●
A2			●										
B		●		●						●		●	●
B1				●	●							●	●
C		●				●	●					●	●
C1							●					●	●
D				●	●	●	●	●	●	●		●	●
D1				●	●				●			●	●
D2										●			
E											*		
F												●	●
G													●

* Die Inhaber der Ausweise Kategorie B, C oder D dürfen einen Anhänger mit einem Gesamtgewicht bis 705 kg mitführen, ohne den Führerausweis Kat. E. besitzen zu müssen. Der Inhaber der Kategorie B kann zudem einen schweren Anhänger mitführen, wenn das Gesamtgewicht des Anhängers das Leergewicht des Zugfahrzeuges und das Gesamtgewicht des ganzen Zuges 3500 kg nicht übersteigen.

Auto-Teilet-Vertrag

X. und Y. vereinbaren:

1. Zum Zweck des gemeinsamen Gebrauchs erwerben die Parteien einen Personenwagen
   Marke:
   Chassis-Nr.:
   Erstinverkehrsetzung:
   Neupreis:
   zum Miteigentum.
2. Die Parteien zahlen je die Hälfte des Kaufpreises des Personenwagens. Sie werden dadurch je zur Hälfte Miteigentümer am Personenwagen.

Variante:

   Wenn das Auto einem Vertragspartner gehört:

1. a) Zum Zweck des gemeinsamen Gebrauchs erwirbt Frau X die Hälfte des Personenwagens
   Marke:
   Chassis-Nr.:
   Inverkehrsetzung:
   zum Miteigentum.
2. a) Der Zeitwert des Personenwagens wird durch einen gemeinsam bestimmten Fahrzeugexperten festgesetzt. Frau X bezahlt die Hälfte des Verkehrswerts des Personenwagens. Die Vertragsparteien werden dadurch je zur Hälfte Miteigentümer am Personenwagen.

3. Das folgende Zubehör wird ebenfalls gemeinsam angeschafft und steht im Miteigentum der Vertragsparteien:
   ...
4. Der Personenwagen steht den beiden Parteien zeitlich zu gleichen Teilen zur Verfügung. In der Regel kann er von Frau X.

am .....tag (oder vom... bis...) und von Herrn Y. am .....tag (oder vom... bis...) benützt werden. Andere gegenseitige Absprachen bleiben von Fall zu Fall vorbehalten.

5. Die Parteien sind verpflichtet, das Fahrzeug sorgfältig und sachgemäss zu gebrauchen.

6. Die Parteien führen ein Bordbuch. Darin werden eingetragen:
    – nach jeder Fahrt die gefahrenen Kilometer
    – die bezahlten Unkosten (Benzin, Öl, Service usw.).

7. Die folgenden fixen Kosten werden von den Miteigentümern je zur Hälfte bezahlt:
    – Haftpflichtversicherung
    – Fahrzeugsteuern
    – Autobahnvignette
    – Kosten für das Vorführen des Wagens
    – Garage oder Standplatzmiete
    – Eventuell Kaskoversicherung
    – Eventuell Unfall-Insassenversicherung.

8. Proportional zu den gefahrenen Kilometern werden von den Miteigentümern die variablen Unkosten getragen. Darunter fallen unter anderem:
    – Reinigungskosten
    – Wartungs- und Servicearbeiten
    – Reparaturen
    – Benzin und Öl.

9. Die selbstverschuldeten Unfall- oder Reparaturkosten trägt der Verursacher. Darunter fallen:
    – Reparaturkosten
    – Eventueller Minderwert des Fahrzeugs
    – Bonusverlust und Selbstbehalt der Motorfahrzeug-Haftpflicht-Versicherung
    – Eventuell Selbstbehalt und Bonusverlust der Kaskoversicherung.

10. Unter den Vertragsparteien wird monatlich/viertel-/halbjährlich abgerechnet.

11. Grosse Reparaturen, die einen Betrag von Fr. .... übersteigen, dürfen nur mit Zustimmung aller Vertragspartner in Auftrag gegeben werden.

12. Bei der Neuanschaffung eines Fahrzeugs wird der Kaufpreis von den Vertragsparteien je zur Hälfte getragen.

13. Bei Verkauf, Pfändung oder Verpfändung des Miteigentumsanteils eines Vertragspartners können die andern die sofortige Auflösung des Vertrags verlangen. Bei der Auflösung des Vertrags oder beim Verkauf des Fahrzeugs wird der Zeitwert des Wagens durch einen gemeinsam bestimmten Experten geschätzt. Der Zeitwert oder der Verkaufserlös des Wagens wird unter die Vertragsparteien je zur Hälfte aufgeteilt oder in einen Ersatzwagen investiert.

14. Dieser Vertrag wird für die Dauer von mindestens einem Jahr abgeschlossen. Danach kann er von jeder Partei auf das Ende eines Monats, unter Beachtung einer Kündigungsfrist von drei Monaten, gekündigt werden.

Variante:

14. a) Dieser Vertrag wird auf unbestimmte Dauer abgeschlossen. Er kann jeweils auf den 30. Juni oder den 31. Dezember, unter Beachtung einer Kündigungsfrist von drei Monaten, aufgelöst werden.

15. Vertragsänderungen sind jederzeit möglich. Sie sind schriftlich festzuhalten, und es müssen sämtliche Vertragsparteien zustimmen.

Quelle: VCS-Dokumentation Autoteilen

Schadstoffe und ihre Wirkung

Kohlenmonoxid (CO)

Wirkung

- Kopfschmerzen
- Beeinträchtigung der Sinnesleistungen (ab Kohlenmonoxid-Haemoglobin (CO-Hb)-Wert von zehn Prozent im Blut)
- Ohnmacht (Der CO-Hb-Wert bei Rauchern beträgt durchschnittlich vier bis sechs Prozent mit Extremwerten von zehn bis zwölf Prozent.)

Verursacher

- Unvollständige Verbrennung (Luftmangel) von Kohle- und Erdölprodukten in Heizungen und Verbrennungsmotoren
- Rauchen

Kohlenwasserstoff (HC)

Wirkung

- Schwindel, Übelkeit
- Mitverantwortlich für Ozonbildung (Photo-Oxidation) und Smog

Verursacher

- Unvollständige Verbrennung von Kohlenwasserstoffen (Erdölprodukte) in Heizungen und Verbrennungsmotoren
- Verdunstung von Kohlenwasserstoffen (Benzin, Lösungsmittel usw.)

Stickoxide (NOx)

Wirkung

- Funktionsstörungen der Lunge
- Augenbrennen
- Reizhusten
- Wachstumsfördernd bei Pflanzen
- Mitverantwortlich für Ozonbildung und Smog
- Zusammen mit Wasser kann Salpetersäure (HNO_3) entstehen.

Verursacher

- Verbrennung von Luftstickstoff bei hohen Temperaturen (Fahrzeug, Heizung, Industrie)
- Verbrennung mit Luftüberschuss (sparsame Motoren), Industrie, Heizung
- Gewitter, Mikroorganismen

Schwefeldioxid (SO$_2$)

Wirkung

- Atembeschwerden
- Funktionsbeschwerden der Lunge
- Hemmt Pflanzenwuchs
- Beschädigt Bauwerke
- Zusammen mit Wasser entsteht schweflige Säure (H$_2$SO$_3$) und Schwefelsäure (H$_2$SO$_4$).
  Hauptverantwortlich für den sauren Regen

Verursacher

- Verbrennung von schwefelhaltigen Produkten (Heizöle, Dieselöl, Braun- und Steinkohle usw.)
  Beim Verbrennen von Benzin entsteht kaum SO$_2$.
- Nebenprodukt bei chemischen Reaktionen

Blei (Pb)

Wirkung

- Schäden am Knochenaufbau und Nervensystem
- Müdigkeit
- Ablagerung im Boden und in Pflanzen.
  90 Prozent des Bleis nimmt der Mensch durch Nahrung auf!

Verursacher

- Verbrennung von verbleitem Treibstoff
- Verbrennung (Kehricht) von bleihaltigen Produkten (Batterien usw.)

Russpartikel (Kohlenstoff) mit angelagerten Kohlenwasserstoffen

Wirkung

- Belastung der Atemorgane
- Übelkeit

Verursacher

- Unvollständige Verbrennung vorwiegend bei Dieselmotoren und Heizungen

Quelle: TCS

Was ist, wie wirkt Ozon?

Ozon ist ein aggressives Gas, das bei hohen HC- und NOx-Konzentrationen unter dem Einfluss von Sonnenlicht entsteht. Während Ozon in der Stratosphäre vor der Einstrahlung schädlicher Strahlungen schützt (beziehungsweise beim Entstehen des Ozonlochs nicht mehr schützt), führt es in den von Menschen bewohnten Höhenlagen zu gesundheitlichen Beschwerden gemäss folgender Abstufung:

60 – 80 Mikrogramm/m³ (= Millionstelgramm pro Kubikmeter Luft): Ozonspitzen in der Natur; Geruchswahrnehmung.

100 Mikrogramm/m³: Grenzwert der Luft-Reinhalte-Verordnung (LRV), der pro Monat höchstens eine halbe Stunde überschritten werden darf.

120 Mikrogramm/m³: LRV-Grenzwert, der nur einmal pro Jahr während einer Stunde überschritten werden darf.

160 – 240 Mikrogramm/m³: Bei empfindlichen Personen (etwa fünf Prozent der Bevölkerung) lösen solche Werte Augenbrennen und Hustenreiz aus und bewirken bei körperlicher Anstrengung eine Reduktion der Lungenfunktion um etwa fünf Prozent.

300 Mikrogramm/m³: Gegen 30 Prozent der Bevölkerung empfinden Augenbrennen und Hustenreiz und bei körperlicher Anstrengung eine Reduktion der Lungenfunktion um etwa 15 Prozent.

400 Mikrogramm/m³: Bei der Hälfte der Bevölkerung treten Augenbrennen und Hustenreiz auf sowie bei körperlicher Anstrengung eine Reduktion der Lungenfunktion um etwa 25 Prozent.

Model													
LANCIA													
Delta	1100	37	50	m5	72,5	●	1,05	0,12	0,32	●	6,3	59	35-40
Dedra	1600	66	90	m5	75,5	○	0,88	0,11	0,39	●	9,3	74	50-55
Dedra	1800	77	105	m5	75	○	1,10	0,11	0,20	○	9,4	68	55-60
Thema ie.	2000	104	141	m5	76	○	0,58	0,21	0,04	○	10,4	71	70-75
MAZDA													
121	1300	54	73	m5	74	●	0,46	0,10	0,17	●	6,4	55	35-40
323	1300	50	68	m5	73	●	0,35	0,06	0,07	●	7,5	52	40-45
323	1600	64	87	m5	72,5	●	0,54	0,09	0,09	●	7,9	54	45-50
626	2200	85	115	m5	74	○	0,67	0,07	0,21	●	9,2	62	55-60
929	3000	121	165	m5	74,5	●	0,79	0,14	0,03	●	12,3	72	80-85
MERCEDES													
190 E	2000	87	118	m5	73	●	1,20	0,18	0,06	●	10,1	67	75-80
230 E	2300	97	132	m5	75	○	0,64	0,12	0,18	●	10,9	70	80-85
MITSUBISHI													
Colt/Lancer	1300	55	75	m5	73,5	●	1,20	0,19	0,35	●	7,8	68	40-45
Colt/Lancer	1500	66	90	m5	74	●	1,00	0,21	0,31	●	7,7	68	45-50
Galant	1800	66	90	m5	75	○	0,91	0,14	0,11	○	9,4	67	55-60
Galant	2000	80	109	m5	73,5	●	1,10	0,20	0,24	●	9,3	70	60-65
Sigma	3000	130	177	m5	74,5	●	1,20	0,17	0,32	●	11,3	78	85-90
NISSAN													
Micra	1200	42	57	m5	74,5	●	1,10	0,07	0,52	●	5,9	63	35-40
Sunny 1.4	1400	55	75	m5	71	●	1,40	0,09	0,34	●	8	60	45-50
Sunny 1.6	1600	66	90	m5	71	●	1,20	0,13	0,52	●	8,7	66	50-55
Prairie	2000	72	98	m5	73,5	●	1,60	0,13	0,13	●	9,9	70	60-65
Primera	2000	85	115	m5	74,5	●	0,94	0,18	0,33	●	9,6	73	60-65
OPEL													
Corsa & Kadett	1400	44	60	m5	75	○	1,30	0,17	0,13	●	7,1	66	40-45
Kadett 1.6	1600	55	75	m5	76	○	1,10	0,16	0,30	●	7,4	68	45-50
Kadett 1.8	1800	66	90	m5	76	○	1,50	0,12	0,24	●	9,1	73	50-55
Vectra 1.6 i	1600	55	75	m5	76	○	1,10	0,16	0,30	●	7,6	69	50-55
Vectra 2.0 i	2000	85	115	m5	75	○	1,30	0,16	0,41	●	9,2	75	60-65
Omega 2.0 i	2000	85	115	m5	75	○	1,30	0,16	0,41	●	10,6	78	60-70
Senator	3000	130	177	m5	77	○	0,81	0,15	0,08	●	13,6	80	85-90

wertet und in vier Klassen eingeteilt...

- ○ schlecht, nur Minimum erfüllt
- ● unterdurchschnittlich
- ●● mittel(mässig)
- ●●● überdurchschnittlich

Getriebe (3)

m5 = 5 Gänge, manuell geschaltet
m4 = 4-Gang-Automat

Lärm (4/5)

Messung nach schweizerischer Vorschrift (BAV): Vorbeifahrt mit Vollgasbeschleunigung aus 50 km/h im 2. und 3. Gang. Der zulässige Höchstlärmwert beträgt 77,0 dB/A.

Abgase (6-9)

Abgasmessung gemäss CVS-Test. Die zulässigen Höchstwerte betragen für CO 2,1 g/km, für HC 0,25 g/km und für NOx 0,62 g/km.

Treibstoffverbrauch (10)

Benzinverbrauch in Litern pro 100 Kilometer. Angegeben ist der Stadtwert eines

Der FTP-75-Stadtwert kommt den in schweizerischen Testfahrten (Stadt, Überland, Autobahn) ermittelten Verbrauchswerten recht nahe. Bei sparsamer Fahrweise kann der angeführte Wert auch unterschritten werden. Die Normverbrauchszahlen können jedoch nur bei einwandfreiem Fahrzeugzustand - Wartung, Bereifung usw. - sowie nur bei Verzicht auf «sportliche» Fahrweise erreicht werden. Grossen Einfluss auf den Verbrauch wird ferner von der Einsatzart des Wagens, zum Beispiel vorwiegend Stadtfahrten, ausgeübt. Der Normalverbrauch, vor allem im Kurzstreckenbereich, kann bis zu 25 Prozent über dem Normverbrauch liegen.

Gesamt-Umweltbelastungs-Index (11)

Diese Rubrik stellt eine Gesamtbewertung unter folgenden Annahmen dar:

● Die drei Faktoren Lärm, Abgase und Treibstoffverbrauch werden gleich stark gewichtet.

● 100 Punkte erhält ein Fahrzeug, das die zulässigen Lärm- und Abgashöchstwerte voll ausschöpft und 13 Liter Benzin auf 100 Kilometer verbraucht. 0 Punkte erhielte ein Fahrzeug, das man nicht hört, das keine Fremd-Energie verbraucht - also ein Velo zum Beispiel.

Kilometerkosten (12)

Für die Berechnung der Kilometerkosten wurden folgende Annahmen zugrunde gelegt: Fahrleistung 15 000 Kilometer pro Jahr; Amortisation 12 Prozent pro Jahr (plus 3,25 Prozent Zins auf der Hälfte des investierten Kapitals); Wertverminderung 2,5 Prozent pro 10 000 Kilometer; Haftpflichtprämie 1989 (Garantiesumme unbegrenzt); Motorfahrzeugsteuern nach Ansatz Kanton Zürich; Treibstoffkosten gemittelter Preis von 96 Rappen pro Liter bleifreies Benzin; Reparaturen, Unterhalt, Reifen und Ölverbrauch 3 bis 25 Rappen, je nach Wagentyp und Preis.

Quelle: VCS

Modell					Getr.	Lärm		CO	HC	NO_x		l/100		DM
900 i 16	2100	100	136	●●	m5	76	○	0,96	0,11	0,17	●●●	11,6	74	65-70
9000 i 16	2300	107	146		m5	77		1,70	0,15	0,20		11,7	82	80-90
SEAT														
Ibiza	1200	51	70	●●	m5	72,5	●●	0,31	0,14	0,19	●●●	7,7	56	35-40
Ibiza + Malaga	1500	66	90		m5	74,5	●	0,56	0,14	0,08	●●●	8,2	61	40-50
SUBARU														
Justy 4WD	1200	54	74	●●●	m5	73	●●	0,96	0,08	0,21	●●●	7,4	57	40-45
1.8 4WD	1800	72	98	●●	m5	76	○	1,20	0,09	0,20	●●●	9,5	70	55-60
Legacy	2200	100	136	●●●	m5	75,5	○	1,50	0,12	0,10	●●●	11,3	75	65-70
SUZUKI														
Swift 1.0	1000	41	56	●●●	m5	73	●●	0,85	0,09	0,06	●●●	6	52	30-35
Swift 1.3	1300	52	71	●●	m5	74,5	●	0,82	0,06	0,09	●●●	6,6	55	35-40
Vitara 1.6	1600	59	80	●	m5	75	○	1,50	0,08	0,14	●●●	10,2	70	55-60
TOYOTA														
Starlet	1300	60	82	●●●	m5	73	●●	0,39	0,14	0,26	●●●	7	57	40-45
Corolla 1.3	1300	60	82	●●	m5	71,5	●●●	0,39	0,14	0,26	●●●●	7,5	56	40-45
Corolla 1.6	1600	77	105		m5	71,5	●●●	0,50	0,13	0,26	●●●●	8,4	58	50-55
Carina	1600	77	105		m5	72	●●●	0,50	0,13	0,26	●●●●	7,9	58	55-60
Camry	2000	89	121		m5	73	●●●	0,65	0,15	0,37	●●●	9,2	67	60-65
Celica	2000	115	156		m5	73	○	0,55	0,20	0,19	●●	9,6	70	65-70
Previa	2400	97	132		m5	73,5	●●	1,20	0,19	0,36	●	10,4	75	70-75
VOLVO														
460	1700	75	102		m5	76,3	●	1,70	0,17	0,07	●●	9,1	74	60-65
940	2300	96	130		m5	74	○	0,81	0,12	0,13	●	10,2	66	70-80
VW														
Polo	1300	40	54		m5	74	●●	1,40	0,22	0,08	●	6,8	65	35-40
Golf + Jetta	1300	40	54		m5	74	●	1,40	0,22	0,08	●	7,3	66	40-45
Golf + Jetta	1600	51	69		m5	74,5	●●	0,81	0,15	0,13	●●	8	63	50-55
Golf + Jetta	1800	66	90		m5	75	●●	0,72	0,04	0,34	●●●	8,1	63	50-55
Scirocco	1800	70	95		m5	76	●●●	1,30	0,12	0,31	●●●	8,7	72	55-60
Passat	1800	66	90		m5	77	●●●	0,72	0,04	0,34	●●	8,8	68	55-60

Bewertung

Lärm- und Abgas-Emissionen ... bestimmten Test-Fahrzyklus (US FTP- ● Die Belastungen werden absolut mit

MARKE	HUBRAUM (1)	KW (2)	PS	GETRIEBE (3)	LÄRM IN DEZIBEL/A (4)	BEWERTUNG (5)	KOHLEN-MONOXID (6)	KOHLEN-WASSERSTOFF (7)	STICKOXID (8)	BEWERTUNG (9)	VERBRAUCH L/100 KM (10)	GESAMTINDEX (11)	KM-KOSTEN IN RAPPEN (12)
PEUGEOT													
205	1100	44	60	m5	75,5	O	1,20	0,14	0,07	●●●	6,7	63	35-40
205	1400	55	75	m5	77	O	0,45	0,09	0,12	●●●	7,7	61	45-50
205	1900	75	102	m5	77	O	0,84	0,10	0,07	●●●	8,9	66	50-55
309	1900	80	109	m5	76,5	O	1,30	0,13	0,13	●●●	8,6	69	55-60
405	1900	88	120	m5	76	O	0,82	0,11	0,04	●●●	9,6	66	60-65
505	2200	84	114	m5	76	O	0,87	0,12	0,07	●●●	11,9	73	65-70
605	3000	123	167	m5	76	O	0,81	0,19	0,18	●●	12,3	79	80-90
PORSCHE													
944	3000	155	211	m5	75,5	O	0,96	0,14	0,19	●●	11,4	75	130
RENAULT													
Clio	1200	43	60	m5	72	●●	1,50	0,22	0,28	●	7,1	66	35-40
Clio	1400	57	78	m5	75	●●	1,50	0,22	0,28	●	7	71	40-45
5 Five	1400	43	60	m5	72,5	●●	1,10	0,18	0,30	●●	7,8	64	40-45
19	1400	57	78	m5	76	O	1,50	0,22	0,28	●●	7,9	74	45-50
21	1700	70	95	m5	75	●	1,30	0,17	0,13	●●	9,2	72	55-60
25	2200	81	110	m5	73	●	1,50	0,21	0,43	●●	11,1	80	65-70
Espace	2200	81	110	m5	76	O	1,50	0,21	0,43	O	10,5	83	70-80

Checkliste für den Occasions-Kauf

Prüfpunkt	Fragen/Prüfmethode
Allgemeines	Fühlen Sie sich im Fahrzeug wohl? Können Sie die Beine bequem strecken, sehen Sie gut über Kühlerhaube und Heck, sind die Instrumente gut im Blickfeld, stossen Sie den Kopf nicht am Dach an?
Fahrzeug-ausweis	Stimmt die Chassis-Nummer mit der Angabe im Fahrzeugausweis überein? Im Fahrzeugausweis steht auch, wozu das Auto vorher diente. Vorsicht bei Mietautos, Fahrzeugen von Taxi- und Fahrschulunternehmen sowie solchen mit vielen Vorbesitzern. Wurde der Fahrzeugausweis länger als sechs Monate vorher annulliert, sollten Sie sich mit einer Garantie des Verkäufers gegen Standschäden absichern.
Vorführ-termin	Überprüfen Sie, wann das Auto letztmals vorgeführt worden ist. Liegt dieser Termin mehr als acht Monate zurück, müssen Sie davon ausgehen, dass Sie nach einem Kauf kurzfristig zu einer Nachprüfung aufgeboten werden. Der jährlich zu absolvierende Abgastest sollte nicht länger als einen Monat zurückliegen.
Service/Reparaturen	Sind die Servicecoupons im Serviceheft alle abgestempelt? Sind Reparaturbelege vorhanden? Sind Garantien (Werksgarantie oder andere) vorhanden?
Rost	Auffällige Roststellen an der Karosserie lassen fast immer auf mangelnde Pflege und einen schlechten Allgemeinzustand schliessen. Besonders heikel: Türschwellen, Längsträger, Radlaufecken, Kotflügel- und Türunterkanten. Unter Zierleisten und Verklei-

dungen verbirgt sich häufig Korrosion, ebenso unter den Fussmatten.

Unterboden-
schutz

Blasen lassen auf Unterrostungen schliessen. Frischer Anstrich bei alten Autos lässt Rost vermuten.

Unfall

(Teilweise) Neulackierungen nach relativ geringer Laufzeit (Farbtonunterschiede oder Lackreste auf Gummidichtungen) können auf behobene Unfallschäden deuten, ebenso klemmende oder schlecht schliessende Türen, Motorhauben und Kofferraumdeckel sowie unterschiedliche Stossstangen.

Dichtigkeit

Überprüfen Sie den Innen- und Kofferraum nach einer Fahrt durch eine Waschstrasse auf nasse Stellen (auch unter den Fussmatten). Befindet sich Feuchtigkeit in den Scheinwerfern? Weisen die Gummidichtungen Risse auf?

Kilometer-
leistung

Der Kilometerstand ist das wichtigste Indiz für Alter und Abnützung eines Autos. Zudem lassen Austauschmotor und -getriebe, Kratzspuren von Scheibenwischern in der Frontscheibe, abgetretene Pedalgummis und ein durchgesessener Fahrersitz auf eine entsprechend hohe Abnützung schliessen.

Heizung

Überprüfen Sie die Wasserschläuche auf Dichtigkeit. Kontrollieren Sie die Funktionstüchtigkeit der Heizung, wobei nur geringer Geruch auftreten darf.

Batterie

Die Batteriepole sollten gefettet sein. Der Deckel darf weder Risse noch Wölbungen aufweisen. Starten Sie den kalten Motor bei gleichzeitig eingeschaltetem Licht: Der Anlasser sollte dies ohne nennenswerten Leistungsabfall durchstehen.

Extras	Während Extras wie Stereoanlage, Schiebedach oder Lederpolster den Wert des Wagens leicht erhöhen, können Sportsitze, Spoiler, Leichtmetallfelgen und Anhängerkupplung auf hohe Beanspruchung deuten und sich eher gegenteilig auswirken.
Motor	Ist der Motor verölt und verdreckt, lässt dies Undichtigkeit und mangelhafte Wartung vermuten. Öldichtigkeit auch von unten kontrollieren. Startet der Motor auch im kalten Zustand leicht und läuft er rund? Harte Klopfgeräusche signalisieren meist schwere Motorschäden. Auch andere auffällige Klappergeräusche deuten auf ernsthafte Schäden.
Öl	Nehmen Sie den Öldeckel ab und lassen Sie den Motor laufen: Wenn Gase austreten, können defekte Kolbenringe die Ursache sein.
Auspuff	Da der Auspuff besonders rostanfällig ist, sollte er sorgfältig geprüft werden (abklopfen). Sind die Halterungen intakt? Der Motor muss absterben, wenn man das Auspuffrohr verstopft (Dichtigkeit). Knallt der Motor beim Gaswegnehmen, ist wahrscheinlich die Auspuffanlage undicht. Qualmt der Auspuff, ist mit hohem Ölverbrauch wegen abgenützter Ventilführungen oder Kolbenringe zu rechnen.
Kühlsystem	Sind Kühler und Wasserschläuche dicht? Die Kühlflüssigkeit soll weder ölig noch rostig sein. Sprudelndes Kühlwasser bei laufendem Motor ist ein Indiz für defekte Zylinderkopfdichtungen.
Kupplung	Wenn Sie bei laufendem Motor einen Gang einlegen, sollten Sie keine Kratzgeräusche hören. Beim Anfahren darf die Kupplung nicht rupfen.

Reifen   Haben die Reifen noch wenigstens vier Millimeter
                  Profiltiefe? Sind die Reifen ungleichmässig abgefah-
                  ren, deutet dies auf eine fehlerhafte Achsgeometrie
                  hin. Achten Sie auch auf Beschädigungen an den
                  Reifenseiten.

Stossdämpfer   Drücken Sie die Karosserie an einer Ecke so weit
                  wie möglich hinunter und lassen Sie dann los: Wenn
                  das Auto mehr als dreimal nachschaukelt, deutet
                  dies auf altersschwache Dämpfer.

Bremsen   Kontrollieren Sie die Bremsleitungen auf Rost. Die
                  Bremskraftverstärker sind defekt, wenn sich das
                  Pedal bei längerem Druck bis zum Bodenblech
                  senkt.

Lenkung   Beim stillstehenden Auto mit geradeaus gerichteten
                  Rädern darf das Lenkradspiel höchstens eine Hand-
                  breit betragen.

Probefahrt I   Sie erfahren viel über den Zustand des Fahrzeugs,
                  wenn Sie den bisherigen Halter eine Runde drehen
                  lassen: Quält er den Motor in hohe Drehzahlberei-
                  che, schaltet er hart und nimmt er Bodenunebenhei-
                  ten in forschem Tempo, können Sie auf ein stark
                  beanspruchtes und entsprechend abgenutztes Auto
                  schliessen.

Probefahrt II   Achten Sie bei der eigenen Probefahrt darauf, ob
                  sich die Gänge leicht und exakt schalten lassen.
                  Kratzen und Heulen deuten auf Abnutzung und
                  Defekte. Die Bremsen müssen gleichmässig ziehen
                  und dürfen keine Geräusche von sich geben. Wird
                  der Pedalweg bei Pumpbewegungen kürzer, befindet
                  sich Luft im Bremssystem.

Unfallstatistik

Steigende Unfallkosten, sinkende Frequenz

Jahr	Anzahl JR*	Anzahl Schadenfälle		Schadenaufwand	
		Total	pro 1000 JR	Total (Mio Fr.)	pro Schadenfall (Fr.)
Alle Motorfahrzeuge zusammen					
1986	2 901 915	295 550	102	1 009,2	3412
1987	3 060 194	303 890	99	1 144,8	3752
1988	3 166 173	307 758	97	1 248,6	4057
1989	3 281 088	298 894	91	1 333,2	4461
1990	3 404 898	304 805	90	1 422,4	4655
Davon Personenwagen und Personendreiräder					
1986	2 323 241	237 103	102	792,0	3337
1987	2 447 882	243 024	99	900,3	3689
1988	2 530 856	244 910	97	989,0	4038
1989	2 609 507	236 892	91	1042,0	4399
1990	2 696 589	241 746	90	1121,5	4635

*Als JR, das heisst Jahresrisiko, gilt ein Fahrzeug, das ein ganzes Jahr in Betrieb (das heisst eingelöst) war. Demnach zählt ein Fahrzeug, das zum Beispiel nur während eines halben Jahres versichert war, als halbes Jahresrisiko.

Grösser, schwerer, gefährlicher

Die nachfolgende Statistik zeigt, dass die durchschnittlichen Kosten der Unfallschäden mit der Hubraumgrösse, der Grösse und dem Gewicht der Autos zunehmen. Ausnahme: die durchschnittliche Schadensumme der kleinsten Hubraumklasse im Jahr 1990. Angesichts des geringen Gesamtschadenaufwands von 6,9 Millionen Franken genügen einige wenige sehr teure Unfälle, um diese untypische Zahl – «Ausreisser» in der Versicherungs-Fachsprache – entstehen zu lassen.

Die Tabelle zeigt ebenfalls, dass die Zahl der kleinen Autos abnimmt, und dass sich mittlere und grosse Autos steigender Beliebtheit erfreuen; ein Zeichen guter Konjunktur.

Jahr	Anzahl JR*	Anzahl Schadenfälle		Schadenaufwand	
		Total	pro 1000 JR	Total (Mio Fr.)	pro Schadenfall (Fr.)
PW bis 4.09 Steuer-PS bzw. 803 ccm Hubraum					
1986	32 879	2 434	74	7.4	3 034
1987	32 286	2 273	70	5.8	2 557
1988	30 394	2 030	67	7.2	3 571
1989	27 082	1 709	63	5.7	3 345
1990	23 954	1 467	61	6.9	4 674
PW 4.10 - 7.09 Steuer-PS bzw. 804 - 1392 ccm Hubraum					
1986	662 738	60 602	91	183.8	3 033
1987	657 961	58 146	88	193.0	3 315
1988	643 135	54 809	85	205.6	3 751
1989	629 441	50 130	80	201.3	4 015
1990	620 420	48 744	79	205.6	4 198
PW 7.10 - 15.09 Steuer-PS bzw. 1393 - 2963 ccm Hubraum					
1986	1 543 635	163 652	106	557.5	3 402
1987	1 669 549	171 986	103	653.8	3 780
1988	1 763 171	177 000	100	724.8	4 095
1989	1 850 456	173 939	94	780.4	4 486
1990	1 938 966	179 893	93	847.6	4 712
PW 15.10 und mehr Steuer-PS bzw. 2964 und mehr ccm Hubraum					
1986	83 561	10 382	124	43.2	4 164
1987	87 610	10 598	121	47.6	4 495
1988	93 6141	1 034	118	51.3	4 650
1989	101 913	11 080	109	54.7	4 935
1990	112 548	11 603	103	61.2	5 275
*) Aufs Jahr umgerechnete Anzahl der eingelösten (= versicherten) Autos der betreffenden Kategorie					

Quelle: Statistik Motorfahrzeug-Haftpflichtversicherung per 31. Dezember 1990

Verkehrsverbände im Vergleich

Dienstleistung	TCS	VCS	ACS	ATB	SAM
Pannenhilfe	MB*	27 Fr./Jahr	MB*	MB*	MB*
Schutzbrief • Europa • Welt	70 Fr./J. 116 Fr./J.	55 Fr./J. 95 Fr./J.	55/80 Fr./J.** (1)	65/110 Fr./J.** –	25 Fr./J.*** –
Schutzbrief Velo-/ Bahn-Reisen	–	20 Fr./J.	–	–	–
Rechtsschutz für Motorisierte (Schweiz/FL)	57 Fr./J.	55 Fr./J.	65 Fr./J.	(2)	Rechts- auskunft
Rechtsschutz für Nicht- Motorisierte	–	18 Fr./J.	–	(2)	–
Privat- Rechtsschutz (Schweiz/FL)	88 Fr./J.	70 Fr./J.	–	–	–
Spezialangebote	Zahlreiche Versiche- rungen	Zahlreiche Versiche- rungen	Visa-Karte 50 Fr./J.	(3)	Marder und Wild- schaden

(Zahlen: Stand 1991)

*   MB = im Mitgliederbeitrag eingeschlossen
**   55 Franken ohne, 80 Franken mit Annullierungskosten-Versicherung
**   65 Franken ohne, 110 Franken mit Annullierungskosten-Deckung
***Der SAM gibt eine sogenannte Auslandpannenhilfekarte ab, mit der man sich höchstens 1500 Franken pro Mitglied und Jahr für die Kosten von Abschleppen, Reparaturen und Heimreise rückerstatten lassen kann.
(1) Der ACS-Schutzbrief deckt ausserhalb von Europa und den Mittelmeer-Randstaaten nur den Versicherten und seine direkten Familienangehörigen im selben Haushalt, nicht aber ein Auto.
(2) Der Mitgliederbeitrag schliesst eine unentgeltliche Rechtsberatung ein. Zudem übernimmt der ATB in aussichtsreichen Fällen die Kosten einer ersten Konsultation beim Anwalt.
(3) Verschiedene Versicherungen, Sterbegeld bei Verkehrsunfall, Mietwagen-Rabatt.

Kilometerkosten 1991

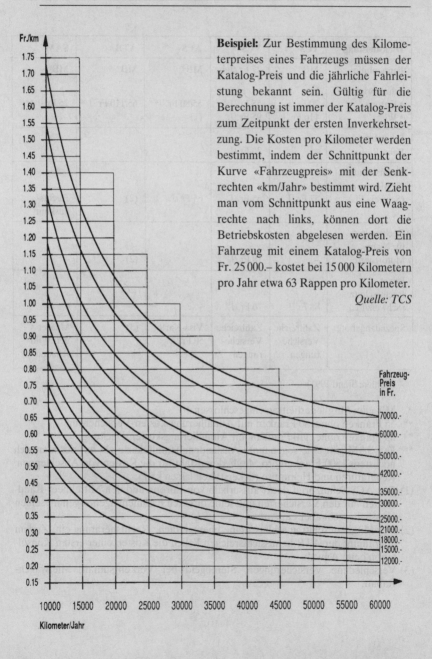

Beispiel: Zur Bestimmung des Kilometerpreises eines Fahrzeugs müssen der Katalog-Preis und die jährliche Fahrleistung bekannt sein. Gültig für die Berechnung ist immer der Katalog-Preis zum Zeitpunkt der ersten Inverkehrsetzung. Die Kosten pro Kilometer werden bestimmt, indem der Schnittpunkt der Kurve «Fahrzeugpreis» mit der Senkrechten «km/Jahr» bestimmt wird. Zieht man vom Schnittpunkt aus eine Waagrechte nach links, können dort die Betriebskosten abgelesen werden. Ein Fahrzeug mit einem Katalog-Preis von Fr. 25 000.– kostet bei 15 000 Kilometern pro Jahr etwa 63 Rappen pro Kilometer.

Quelle: TCS

Servicekosten 1991

Bei einer Fahrleistung von 15000 km/Jahr erreicht man im siebten Betriebsjahr die 100 000 km-Grenze. Je nach Fahrzeugmarke und Wartungssystem muss das Fahrzeug 7- bis 15mal in die Werkstatt. Vorausgesetzt man behält es während dieser Zeit, ist mit den folgenden Gesamtkosten zu rechnen:

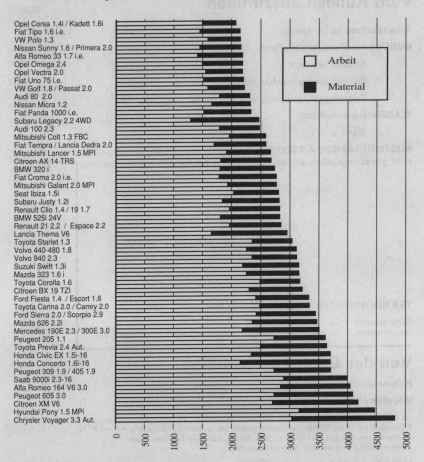

Die Servicekosten setzen sich aus den Arbeits- und den Materialkosten zusammen. Die Arbeitskosten beinhalten alle Arbeitspositionen, welche vom Importeur oder Hersteller im Serviceheft (liegt jedem Auto bei) definiert sind. Nicht berücksichtigt wurden zusätzliche Arbeiten wie Motorreinigung, Bremsklötze oder Auspuff ersetzen. Die Materialkosten beziehen sich nur auf das nötige Servicematerial wie Öl, Öl- und Luftfilter, Kerzen, Brems- und Kühlflüssigkeit und wenn nötig Zahnriemen und Benzinfilter.

Quelle: TCS

Automobil-Club der Schweiz · Autogewerbe-Verband der Schweiz

ARBEITSAUFTRAG

Vom Kunden auszufüllen

Arbeitsauftrag an die Garage ....

KUNDE: Herr/Frau/Fräulein/Firma...

       Strasse, Wohnort ....

       Telephonisch erreichbar von............ bis............ Uhr Tel. ....

       Telephonisch erreichbar von............ bis............ Uhr Tel. ....

WAGEN: Kontrollschilder ....

       Marke und Typ ....

AUSZUFÜHRENDE ARBEITEN (wenn Art und Umfang der Reparatur
nicht genau angegeben werden können, bitte Art der Störung beschreiben)

Fr.

....

....

....

....

....

....

....

TERMINWUNSCH: Wagen abholbereit am .... um .... Uhr.

Bitte ersetzte Teile
(ausgenommen Austauschteile) in den Wagen legen: ja / nein

Von der Garage auszufüllen

Kilometerstand: ....

Ungefähre Kosten für die auszuführenden Arbeiten inkl. Material   Fr. ....

Ist **Mehraufwand** an Arbeit oder Material notwendig, so darf obiger
Kostenbetrag ohne Rückfrage beim Kunden um zusätzlich höchstens ———→ Fr. ....
überschritten werden. In allen andern Fällen muss **vorher** das klare
Einverständnis des Kunden eingeholt werden.

Vereinbarter Ablieferungstermin am ....um .... Uhr.

Zahlungsvereinbarung: ....

Datum:	Der Kunde oder dessen Beauftragter:	Für die Garage:

Automobil-Adressen

Auto-Teilet-Organisationen

ShareCom
Höhenring 29
Postfach 203
8024 Zürich
Telefon 01/302 83 78

Selbstfahrergenossenschaft SEFAGE
Charles Breitinger
Schimmelstrasse 7
8003 Zürich
Telefon 01/463 01 81

Auto-Teilet-Genossenschaft ATG
Geschäftsstelle
Postfach 57
6048 Horw
Telefon 041/48 59 56

Autogewerbe der Schweiz

Autogewerbe-Verband der Schweiz (AGVS)
Mittelstrasse 32
3001 Bern
Telefon 031/23 84 94
Fax 031/23 37 87

Schweizerischer Verband der Grosshändler und Importeure der Motorfahrzeugbranche
Münzgraben 6
3011 Bern
Telefon 031/22 38 70

Vereinigung Schweizerischer Automobil-Importeure (VSAI)
Mittelstrasse 32, Postfach 5232
3001 Bern
Telefon 031/24 65 65
Fax 031/24 39 60

Autovermieter-Verband der Schweiz
Postfach 801
8004 Zürich-Lochergut
Telefon 01/241 88 66
Fax 01/242 46 64

Versicherungswesen

Schweizerischer Versicherungsverband
Richard Wagner-Strasse 6
Postfach 172
8022 Zürich
Telefon 01/202 48 26/47
Fax 01/202 66 72

Schweizerische Vereinigung der Haftpflicht- und Motorfahrzeugversicherer (HMV)
Genferstrasse 23
8002 Zürich
Telefon 01/201 40 66
Fax 01/201 61 53

Rund um die Sicherheit

Verkehrs-Sicherheits-Zentrum Veltheim VSZV
5106 Veltheim (AG)
Telefon 064/53 31 31/31 50
Fax 064/53 12 17

Anti-Schleuderschule Regensdorf ASSR
Dällikerstrasse
8105 Regensdorf
Telefon 01/840 15 82

Schweizerische Beratungsstelle für Unfallverhütung bfu
Laupenstrasse 11
Postfach 8236
3001 Bern
Telefon 031/25 44 14
Fax 031/26 30 11

Interessengemeinschaft öffentlicher Verkehr (IGÖV)
Chrummatt 8a
3175 Flamatt
Telefon 031/94 23 11

Verband öffentlicher Verkehr (VÖV)
Dählhölzliweg 12
3000 Bern 6
Telefon 031/44 24 11

Schweizerischer Strassenverkehrs-verband
Schwanengasse 3
3001 Bern
Telefon 031/22 36 49

Schweizerische Verkehrs-Stiftung (SVS)
Bahnhofstrasse 8
3360 Herzogenbuchsee
Telefon 063/61 51 5

Auto- und Verkehrsverbände

Touring-Club der Schweiz (TCS)
Zentralsitz
Rue Pierre-Fatio 9
1211 Genève 3
Telefon 022/37 12 12

Verkehrs-Club der Schweiz (VCS)
Bahnhofstrasse 8, Postfach
3360 Herzogenbuchsee
Telefon 063/61 51 51

Automobil Club der Schweiz (ACS)
Zentralverwaltung
Wasserwerkgasse 39
3000 Bern 13
Telefon 031/22 47 22

Schweizerische Konferenz für Sicherheit im Strassenverkehr (SKS)
Administratives Sekretariat:
Schwanengasse 3
3001 Bern
Telefon 031/22 36 49
Technisches Sekretariat:
Laupenstrasse 11
3001 Bern
Telefon 031/25 44 14

Aktion 100 Verein zur Förderung der Sicherheit im Strassenverkehr
Funkstrasse 107
3084 Wabern
Telefon 031/54 04 30

Aktionsgemeinschaft Strassenverkehr (ASV)
Weinbergstrasse 108
8006 Zürich
Telefon 01/361 33 13

Verband Auto-Strassenhilfen der Schweiz
Badenerstrasse 503
8048 Zürich
Telefon 01/493 23 33

Arbeiter-Touring-Bund der Schweiz (ATB)
Haus des Sports
Laubeggstrasse 70
Postfach
3000 Bern 32
Telefon 031/44 83 95

Schweizerischer Auto- und Motorradfahrer-Verband (SAM)
Höhenstrasse 666
Postfach 120
4622 Egerkingen
Telefon 062/61 33 44

Lehrer und Experten

Schweizerische Interessengemeinschaft der Autofahrlehrerverbände
Elfenstrasse 19
Postfach 246
3000 Bern 16
Telefon 031/44 11 88
Fax 031/44 11 85

Autofahrlehrer-Zentralverband
Kinkelstrasse 22
8006 Zürich
Telefon 01/361 69 10

Vereinigung der Automobil-Experten der Schweiz (VAE)
Hauptstrasse 46a
4133 Pratteln
Telefon 061/46 46 46

Schweizerischer Verband der freiberuflichen Fahrzeug-Sachverständigen (+vffs)
Thunstrasse 144a
3074 Muri bei Bern
Telefon 031/52 75 75
Fax 031/52 66 05

Werke für runderneuerte Pneus

Agom SA
Via Mulini
6934 Bioggio-Lugano
Telefon 091/59 37 51 /59 38 51
Fax 091/59 45 81

Gummiwerk Bern AG
Bläuackerstrasse 2
3097 Liebefeld
Telefon 031/53 20 58

Pneu Eisenegger AG
Zürcher Strasse 242a
9014 St.Gallen
Telefon 071/27 18 73

Stesa AG
Militärstrasse 1-2A
3600 Thun
Telefon 033/22 57 20 / 23 28 22
Fax 033/22 57 26

Rupp AG
Av. Nestlé 51
1800 Vevey
Telefon 021/921 96 96
Fax 021/922 91 36

Tyvalug SA
Av. Gilamont 40
1800 Vevey
Telefon 021/921 49 61
Fax 021/921 90 11

Pneuhaus Julius Peter
Rötelstrasse 18a
8006 Zürich
Telefon 01/362 01 15

Bibliografie

- Der Auto-Knigge
  herausgegeben von der KATALYSE, Institut für angewandte
  Umweltforschung
  Rowohlt Taschenbuch Verlag GmbH,
  Reinbek bei Hamburg.
- Ausfahrt Zukunft, Strategien für den Verkehr von morgen
  Frederic Vester
  Wilhelm Heyne Verlag, München.
- Automobiltechnik der Zukunft
  Ulrich Seiffert und Peter Walzer
  Verlag des Vereins Deutscher Ingenieure, Düsseldorf.
- Umweltkompendium für den privaten Haushalt in der Schweiz
  Clemens Schäublin (Hrsg.)
  Verlag Umweltkompendium/ Lenos, Basel.
- Die Zukunft ruft, Management, Märkte, Motoren
  Daniel Goeudevert
  Busse und Seewald, Herford.
- Marktbericht für Occasionsfahrzeuge
  Eurotax AG (Hrsg.)
  8808 Pfäffikon SZ.
- Sind Sie richtig versichert?
  Ratgeber aus der Beobachter-Praxis
  Der Schweizerische Beobachter, 8152 Glattbrugg.
- Unfall, was nun?
  Ratgeber aus der Beobachter-Praxis
  Der Schweizerische Beobachter, 8152 Glattbrugg.
- Strassenverkehrsrecht
  Dr. R. und lic. iur. M. Brüstlein
  M. Brüstlein, St. Albanring 180, 4052 Basel.

DAS LEBEN BESSER MEI-STERN. MIT DEN RATGEBERN VOM BEOBACHTER.

Das Lehr-
lingsbuch
186 Seiten

Erziehen
ist kein
Kinderspiel
220 Seiten

Arbeits-
recht
247 Seiten

Leben
ab sechzig
201 Seiten

Scheidung?
232 Seiten

Baby ABC
260 Seiten

Umwelt-
schutz jetzt
245 Seiten

Sind Sie
richtig
versichert?
296 Seiten

Konkubinat,
Ehe ohne
Trauschein
138 Seiten

RS-Hand-
buch für
Rekruten
208 Seiten

Stellen-
wechsel
174 Seiten

Testament,
Erbfolge,
Erbschaft
201 Seiten

Mein Geld
201 Seiten

Ehe –
das neue
Gesetz
179 Seiten

Unfall,
was nun?
290 Seiten

Sucht
258 Seiten

Mit den Ratgebern vom Beobachter ist Ihnen wirklich geholfen. Denn niemand wird so oft mit allen Lebens-problemen konfrontiert wie die Beobachter-Redaktorinnen und -Redaktoren. In den Rat-gebern vom Beobachter finden Sie die Konzen-trate aus dieser langjäh-rigen Beratungspraxis; klar, deutlich und span-nend geschrieben – mit vielen lebensnahen, leichtverständlichen Beispielen.

der schweizerische
Beobachter

Erhältlich in Ihrer Buchhandlung

Und wieder einmal ist guter Rat teuer.